Ⓢ新潮新書

篠田達明
SHINODA Tatsuaki

徳川将軍家
十五代のカルテ

119

新潮社

プロローグ――歴代将軍の身長計測

歴代徳川将軍にとって、もっとも大事なつとめは政務でも軍務儀式でもなく、ひたすら子づくりにはげむことだった。

将軍たちがもうけたこどもの数と寿命の長さはかれらの健康のバロメーターでもある。将軍の中でいちばん長生きをしたのは十五代慶喜《よしのぶ》の七十七歳。つぎは家康《いえやす》の七十五。十一代家斉《いえなり》は六十九、その息子家慶《いえよし》は六十一である。これら四人の長寿者は側室も多く、家康は十九人の側室に十九人の子女をもうけ、家斉は十六人の側室を抱え五十七人のこどもをつくった。家慶も父に負けじと七人の側室に二十九人の子女をみごもらせた。慶喜は側室の数がはっきりしないが、二十四人のこどもを受胎させている。このように長生きした将軍は身体壮健でお妾さんも多く、将軍家のもっとも大切な役割をまっとうしている。短命の将軍たちは大奥へ足を運ぶのもまれで子女の数も少なかった。つまり長命の将軍ほど色欲が盛んで子沢山である。人生長生きするには色の道にはげむのがよい、という自然の声がきこえてくるような史実ではないか。

という次第で、わたしは徳川家の将軍たちが、どのような健康状態にあり、どんな養生法を心がけていたかに興味を抱いた。さらに世継ぎをもうけるためのかれらの苦心はなにか。あるいは将軍たちが悩んでいた持病はなにか。人生の途上、どんな重大な病気をわずらったのか。臨終を迎えたとき、江戸城医師団はどのような治療をおこなったのか。そして突然、将軍が逝去したケースでは世継ぎをどのように決めたのか、といった将軍の病歴をめぐる史実の探究をはじめた。そこで本書では歴代十五人の徳川将軍やその一族、正室・側室の健康と病気に焦点を当て、かれらのメディカル・チェックをしてみようと思う。

臨床カルテを繙《ひもと》く前に、将軍たちの健康状態を知る手がかりとなる身体検査からはじめよう。

＊

東京タワーのふもとにある芝の増上寺は上野の寛永寺とともに徳川家の菩提所である。

芝・増上寺で調査団が徳川家慶の柩を開棺しているところ（毎日新聞社提供）

江戸時代は将軍や夫人たちが亡くなると、遺体を火葬せずにそのまま墓所へ埋葬した。増上寺の裏手には徳川家の霊廟があり、その墓所に六人の将軍と十人の正室・側室の遺体がおさめられている。昭和三十三（一九五八）年夏から一年半かけて増上寺の改修工事がおこなわれたが、この際、将軍家の墓も発掘されて人類学者による学術調査がなされた。遺体は筋肉や内臓がほとんど消失していたが、頭蓋骨や四肢・体幹の骨と毛髪などはのこっていた。調査団はこれらの全身骨格をもとに、将軍と夫人たちの顔形の復元や身体計測などをおこなった。なお、秀忠の正室崇源院は火葬したため計測不能。七代家継の遺体は完全に分解消失していた。

一方、徳川家の墓は三河の大樹寺にもある。大

遺体と等身大に作られた位牌、徳川家康のもの（大樹寺）

樹とは唐名で将軍を意味する。文明七（一四七五）年、大樹寺は松平四代目の親忠《ちかただ》によって創建され、以来、代々の松平と徳川の墓がもうけられた。本来は大樹寺が徳川家の菩提所であり、家康も「徳川の位牌は三河大樹寺に祀《まつ》るべし」と遺言をしている。

大御所の遺命を守った幕臣たちは、代々の将軍が薨じるたびにその場で身長を計り、これと同じ高さの位牌を拵《こしら》えた。遺体と同様の扱いをうけた位牌は、丁重にかごにのせられ、「下に、下に」と行列を組んで東海道を江戸から三河まで運ばれた。かくして十四代までの歴代将軍の等身大の位牌が大樹寺に安置されたのである。わたしは将軍が亡くなった際、身長を計るというならわしに着目して、増上寺の学術調査であきらかにされた将軍たちの身長実測値と大樹寺の位牌の高さを比べてみようと思いたった。

岡崎市の大樹寺にはなんどか訪れたことがある。山門をくぐって左手奥の墓地に徳川家の祖先である松平一族と徳川家代々の墓がある。正面本堂の右手に空調の効いた特別室があり、松平と徳川の位牌が安置されている。ずいぶん大きく立派な位牌である。

大樹寺が編纂した『大樹寺の歴史』には愛知教育大学新行紀一教授によって実測された位牌の高さの値が記載されていた。また増上寺で発掘された秀忠《ひでただ》、家宣《いえのぶ》、家重《いえしげ》、家慶、そして家茂《いえもち》の遺体の身長も故鈴木尚東大教授によって計測値が報告され、『骨は語る徳川将軍・大名家の人びと』という書物にまとめられている。次頁の表はそれらの資料から大樹寺におさめられた位牌の実測値（センチ）と芝・増上寺の遺骨から計った身長（センチ）を比較した一覧表である。参考までに増上寺に埋葬された崇源院を除く九人の夫人たちの身長もつけくわえた。

歴代将軍と夫人たちの身長

		将軍位牌の高さ	将軍遺体の身長	将軍夫人の遺体身長
初　代	家　康（東照大権現）	159.0		
二　代	秀　忠（台徳院）	160.0	158.0	
三　代	家　光（大猷院）	157.0		
	桂昌院（側室）			146.8
四　代	家　綱（厳有院）	158.0		
五　代	綱　吉（常憲院）	124.0		
六　代	家　宣（文昭院）	156.0	160.0	
	天英院（正室）			143.2
	月光院（側室）			141.2
七　代	家　継（有章院）	135.0	——	
八　代	吉　宗（有徳院）	155.5		
九　代	家　重（惇信院）	151.4	156.3	
十　代	家　治（浚明院）	153.5		
十一代	家　斉（文恭院）	156.6		
	広大院（正室）			143.8
	契真院（側室）			144.8
十二代	家　慶（慎徳院）	153.5	154.4	
	見光院（側室）			144.4
	殊妙院（側室）			147.9
十三代	家　定（温恭院）	149.9		
	天親院（正室）			147.8
十四代	家　茂（昭徳院）	151.6	156.6	
	静寛院（正室）			143.4

（単位：cm）

右から二代・秀忠、三代・家光、四代・家綱、五代・綱吉の位牌

これらの計測値から、五人の将軍の遺体身長と位牌の高さを比べると、その差は最小〇・九センチから最大五センチである。位牌の高さと身長の実測値が数センチしかちがわないことから、大樹寺の位牌は亡くなった将軍の身長をほぼあらわしているとわたしは考えた。遺体の股関節や膝関節、あるいは足関節は多少の屈曲拘縮《こうしゆく》を生じているから、死後硬直がはじまるとこれらを矯正するのはむずかしい。したがって身長の実測値は少し低めに出る傾向があろう。それでも位牌の高さと実測値がおおむね一致するのは、側近たちが将軍の正確な身長を計ろうと死後硬直の出ぬ前に急いで計測したのであろう。さらにわたしは遺体の調

査がされていないほかの位牌も将軍たちの背丈をほぼあらわしたものと推察した。

鈴木教授によると江戸時代（十七・十八世紀）の庶民の平均身長は男子が一五七・一センチ、女子は一四五・六センチだったとする。この値から比べると、徳川将軍と夫人たちの身長は当時の庶民とほぼ同様だったことが知られる。なお七代家継《いえつぐ》は八歳で死去したから身長が低いのはやむをえないが、五代綱吉《つなよし》の位牌の高さが異様に低いのが目を惹く。これについては綱吉の項でくわしく考察してみたい。

徳川十五代将軍の系図

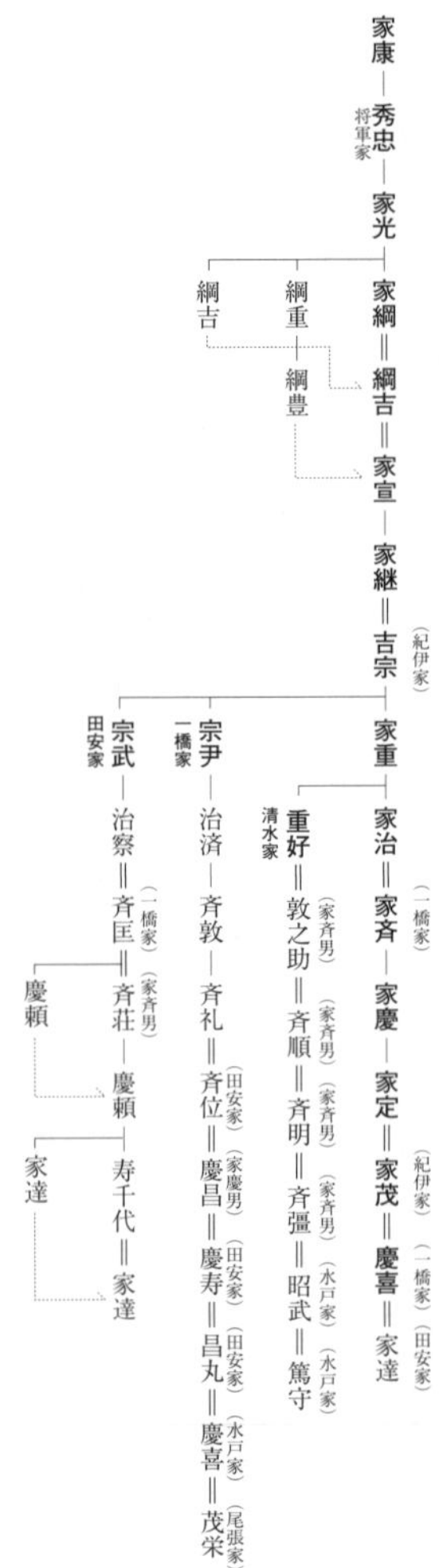

徳川将軍家十五代のカルテ——目次

プロローグ――歴代将軍の身長計測　3
家　康――初代将軍（一五四二～一六一六）死因・胃がん　15
秀　忠――二代将軍（一五七九～一六三二）死因・胃がん　37
結城秀康――家康の次男（一五七四～一六〇七）死因・梅毒　47
松平忠輝――家康の六男（一五九二～一六八三）死因・老衰　52
家　光――三代将軍（一六〇四～一六五一）死因・脳卒中（高血圧）　55
水戸光圀――天下の副将軍（一六二八～一七〇〇）死因・食道がん　69

家綱――四代将軍（一六四一～一六八〇）死因・未詳　76
綱吉――五代将軍（一六四六～一七〇九）死因・はしかによる窒息　82
家宣――六代将軍（一六六二～一七一二）死因・インフルエンザ　99
家継――七代将軍（一七〇九～一七一六）死因・急性肺炎　103
吉宗――八代将軍（一六八四～一七五一）死因・再発性脳卒中　109
家重――九代将軍（一七一一～一七六一）死因・尿路障害（脳性麻痺）　120
家治――十代将軍（一七三七～一七八六）死因・脚気衝心（心不全）　129

家　斉――十一代将軍（一七七三〜一八四一）死因・急性腹症　135
家　慶――十二代将軍（一七九三〜一八五三）死因・暑気当たり　141
家　定――十三代将軍（一八二四〜一八五八）死因・脚気衝心（脳性麻痺）　145
家　茂――十四代将軍（一八四六〜一八六六）死因・脚気衝心（心不全）　152
慶　喜――十五代将軍（一八三七〜一九一三）死因・急性肺炎　158

将軍と正室・側室の平均寿命　172

あとがき　184
参考文献　188

家　康——初代将軍（一五四二〜一六一六）

頑健なる肥満体

家康は肩幅の広い肥満体で、きわめて頑健だった。大樹寺の位牌から推定すると身長は一五九センチぐらいあったようだ。三十代はじめの家康は三方ケ原の合戦で武田信玄に追われて命からがら浜松城に逃げこんだ。そのときの恐怖体験を肖像画に描かせたのが次頁のいわゆる「しかみ像」なのだが、この画像にみる家康は肥満体ではなく筋肉質の引き締まった体型をしている。肥えたのは中年すぎてからで、晩年の画像はすべて肩幅の広いずんぐりむっくりの体型に描かれている。このタイプは汗かきで体臭が強い傾向にあり、家康もおじさん臭い人ではなかったかと思う。

ヒトの体形をあらわす目安に体格指数（体容量指数）がある。英語ではボディ・マス・

「徳川家康三方ケ原戦役画像、（別名）しかみ像」
（徳川美術館）

インデックス（body mass index)、略してBMIといい、体重（キロ）を身長（メートル）で二度割って算出する。肥満学会ではこの値が二十五を超えると肥満と判定する。壮年期の家康は下腹が出て自分では帯が締められず、侍女たちの助けを借りて着衣をしたから、かなりの肥満体だったようだ。そこで家康のBMIを仮に二十八とすれば、体重は約七十キロと算出される。最近の統計によると、やや肥満体のほうが長生きをする。家康も古希を越えて七十五年の長命を保つことができた。当時

肉厚の顔に力強さを帯びた両目（堺市博物館）

としては異例の長寿である。

家康が人質にされた駿府の盟主今川義元も太っていた。それも並みの肥満体ではなく、美食と運動不足でぶよぶよに肥えていた。肥満度をあらわすのに「羨望期」、「滑稽期」、「憐憫期」といううまい表現があるが、義元の肥満ぶりは滑稽期に相当したのではないかとわたしは想像する。上洛する際、体重オーバーで馬にのれず、輿《こし》にかつがれて出立した。桶狭間で信長の急襲をうけたときも敏速にうごけず本陣に突入した織田兵によってたちまち首を討ち取られた。

家康の愛用した老眼鏡（久能山東照宮）

日本最初の洋式眼鏡を

晩年の家康は毎日のように鉄砲の稽古場にゆき、鳥銃を手にして三発ずつ弾を放った。事実かどうかわからないが、慶長十六（一六一一）年、七十歳の折り、浅間山の狩り場で上空に舞う数羽の鳶《とび》を狙って三発放ち、二羽を撃ち落としたという。このように老齢になっても標的を狙ったとすると視力は相当なものがあったのだろう。家康の画像はどれも造作の大きい肉厚の顔に他を圧する力強さを帯びた両目がそなわっていて視力のよさを誇っているかのようだ。

それでも老視からはまぬがれなかったとみえて晩年は老眼鏡を愛用した。静岡市の久能山東照宮には遺品の老眼鏡が二つ所蔵されている。ともに手もち式の鼻眼鏡である。眼鏡の度数（D）は一・五ジオプトリーと二・〇ジオプトリーである。ジオプトリーとはレンズの屈折度のことで、レンズの焦点距離をメートルであらわした数の逆数である。例えば焦点距離一メートルのレンズは一Dに当たる。遺された眼鏡の度数から、家康は軽度の老視（凸レンズの焦点距離で七十センチから五十センチ）を呈していたことがわかる。この鼻眼鏡はわが国最初の洋式眼鏡として日本眼鏡卸組合の手により大きなレリーフ像がつくられ、上野不忍池のほとりにうやうやしく飾られている。

家康は耳たぶの厚い大耳の持ち主だった。耳の形からいえばいかにもきこえのよさそうな大耳であり、聴力は人並み以上あったにちがいない。臨終の十数日前、側近の本多正純、南光坊天海、金地院《こんちいん》崇伝《すうでん》の三人を枕頭に呼んで死後の処置を遺言したが、このときもスムーズに伝達したようだから、高齢に達しても聴力に不自由はなかったとみえる。外国では大耳の人は好まれない。名画『風と共に去りぬ』に主演したクラーク・ゲーブルは俳優を志願したとき耳が大きすぎる、と危うくはねられそうになった。わが国では古来、大耳は長寿で金持になる相だとよろこばれる。家康の大耳はこの言伝えの真打といってよさそうである。

江戸時代の随筆『翁草《おきなぐさ》』によると、家康はふだん口数が少なく寡黙の人だったようだ。だが、ひとたび戦場へ出ると摩利支天のような大音声をあげて家来どもを叱咤鼓舞し、その音吐《おんと》は百七、八十丁先までひびいたという。医者は患者さんの声音《こわね》を健康状態の目安のひとつにするが、家康の発声をきけば、その壮健さをＡＡＡと判定するだろう。

家康が岡崎城内に誕生したのは天文十一（一五四二）年十二月二十六日寅の刻（午前四時ごろ）、太陽暦（グレゴリオ暦）でいえば一五四三年二月十日に当たる。父の広忠は数え十七歳、生母お大《だい》は数え十五歳。今風にいえば父は高校二年生、母は中学三年生である。昔は早婚なので若すぎる夫婦とはいえないが、お大はこどもを生むには危険な若年初産婦だった。学生時代、産婦人科の講義で頭にのこったのは「女ヲ診タラ妊娠ト思ヘ」「婦人ノ妊娠最適期ハ満十八カラ二十五ナリ」の二条だった。最適期から外れたお大は流早産の危機にさらされていたが、さいわい丸々と肥えた男の子を生み、竹千代と名付けられた。家康が生まれた当時、松平の領地は収穫した食料の大半を今川氏に召しあげられるみじめな境遇にあったが、この日ばかりは岡崎城内のあちこちで春がきたような歓びの声があがったという。

「癰」と「寸白」

生まれつき頑健で健康にめぐまれた家康だったが、天正十二（一五八四）年三月、命にかかわる重大な病気に見舞われた。背中にできた大きなカルブンケル（癰《よう》）である。おそらく不潔な爪で背中を掻いているうちに傷ができ、そこから黄色ブドウ球菌がはいって化膿をおこしたのであろう。昔は癰が顔面にできると面疔《めんちょう》といって恐れられた。顔面の皮は厚く、顔面筋も緻密で、面疔の膿は内にこもる。やがて血中に細菌が回って敗血症をおこし命取りになった。現代では抗生物質があるから、よほどひどい癰でないかぎり敗血症にはならないが、たとえ重症の敗血症をおこしても抗菌薬治療を適切におこなえば救命することができる。

家康が癰をわずらったのは四十三歳、小牧・長久手の合戦の真っ最中であり、秀吉の十万の軍勢に攻め寄せられて小牧城に釘付けにされていた。なんとしても癰をなおさねば、とあせった家康は小姓どもに命じて腫れ物を貝の蓋にはさませ膿をしぼりだそうとしたが、かえって癰をこじらせ手のほどこしようがなくなった。

三田村鳶魚《えんぎょ》の『笠森稲荷及びお仙茶屋』によると、家臣の倉地弥次兵衛が腫れ物に効験のある摂津国真上村（高槻市西真上）の笠森稲荷に詣でて家康の病気平癒を祈願した。笠森稲荷にはケヤキとムクの大木があり、その木の根元に腫れ物に効く土があるといわれて弥次兵衛は土をもち帰り、家康の腫れ物にぬりつけた。すると背中の腫れ物は一気に吹き切れておびただしい膿が出た。一命を取りとめた家康は秀吉との戦いに貴重な勝利をおさめることができた。

笠森稲荷の土が腫れ物に奇効をあらわしたならば、そこにはペニシリンのような青カビが含まれていたのではないかとわたしは想像する。ちなみに筑波山の土中にいた微生物を培養して「タクロリムス」という免疫抑制剤が生まれ、世界中の臓器移植患者に使われている。物好きなわたしは個人所有の屋敷神という摂津の笠森稲荷までいってみた。ケヤキの大木は昭和五十四(一九七九)年の台風でたおれたが、樹高二十メートルのムクの木は健在だった。ただし屋敷の周囲は厳重に閉ざされて根元の土をもち帰ることはできなかった。

家康は幕府をひらいたのち、弥次兵衛に命じて摂津真上村の笠森稲荷を谷中に勧請した。現在でも東京都台東区谷中にある功徳寺、養寿院、大円寺の三寺は笠森稲荷にちなんで瘡守《かさもり》薬王大菩薩を祀っている。江戸時代には谷中の近くに私娼窟があり、三寺は瘡守、すなわち、梅毒の守護神として崇められていた。弥次兵衛はのちに家康の十男・徳川頼宣《よりのぶ》の付け人となり元和五(一六一九)年紀伊藩に移ったといわれる。

家康は持病に「寸白《すばく》」を抱えていた。寸白とは条虫症、つまりサナダ虫のことである。

昔は下肥《しもごえ》を肥料に用いたので、だれもが回虫やサナダ虫に悩まされた。家康もときに寸白をわずらい、そのたびに自家製の万病円を服用した。万病円は作用が強いので侍医たちは反対したが、面と向かってそう告げる医者はだれもいなかった。

家康は育ち盛りの六歳から青年期の十九歳まで足掛け十四年間、織田氏と今川氏の人質にされた。このことはかれの精神面に大きな影響をおよぼした。生母のお大の方は家康が三歳のとき離別させられ、家康はもっぱら祖父清康の姉お久に育てられた。六歳の夏、今川氏の人質として陸路駿河へ送られたが、途中、東三河の田原城に立ち寄り、そこから海路駿河へ向かう手筈だった。ところが田原城を守る義理の祖父戸田宗光は松平氏を裏切り、船を尾張の熱田港に逆送させて家康を織田信秀に百貫文で売り渡してしまった。家康は尾張熱田の豪族、加藤図書助《ずしよのすけ》の屋敷に預けられ、二年間、織田の人質として育てられた。八歳のとき今川方の捕虜となった織田信弘と人質の交換がおこなわれ、十九歳まで駿府に暮らした。十五歳のとき父の法要を営むため岡崎城へ帰ったが、墓参がおわるとおとなしく駿府へもどった。桶狭間の合戦の際、家康は今川方の武将として松平元康を名のっていたが、尾張へ出陣途中、知多半島の阿久比《あぐい》に住んでいた生母お大の方（のちに伝通院）と再会を果たした。

織田信長の命により自裁させられた長男の信康（勝蓮寺）

後年、信長の命により長男信康を自裁させたのははらわたをえぐられるような痛恨事だった。生涯の精神的トラウマになったと思われるが、それを表にあらわすことなく、信長との同盟関係を律儀に保った。

家康は少年時代から爪を噛むくせがあった。精神病理学からいえば精神的・肉体的な緊張をほぐそうと無意識にするくせである。成長とともに自然になおるのだが、家康の爪噛みは大人になってもつづいた。感受性の強い少年期に人質にされ、いつ処分されるかわからない不安定な身をまぎらわすうちについたくせであるから容易に消えなかったのだ。

家康はきわめて用心深い性格だったが、これも長い人質生活が影響したようだ。用心深さは日常生活の随所にあらわれた。寝所の床下に梁をめぐらし、刺客が侵入してこぬよう工夫をしたり、食物は必ず火を通して生ものは食べなかったり、遊女も瘡毒（梅毒）を嫌って近づけなかったり、女人と閨《ねや》をともにしてもみだりに精を漏らさぬよう心がけたりしたのはその一端である。用心深さは小心につながる。小心、律儀、慎重、実直、これが終生変わらぬ家康のキャラクターであった。

スポーツ健康法

家康は信玄、謙信、秀吉ら多くの戦国武将が壮途半ばで病いにたおれるのを見聞きした。そこから最後に勝利をつかむのは長寿者であると健康を保つ重要性をみぬき、暴飲・暴食・過淫をさけ、ひたすら養生にはげんだ。『徳川実紀』にはその健康管理ぶりがことこまかに記されている。

家康は幼少よりからだをうごかすことを好み、連日のように刀術、槍術、弓術、馬術、鉄砲、水練（水泳）などのスポーツ活動に身を入れた。駿府では人質屋敷からひと走りの安倍川へいって泳いだ。小・中・高校と静岡市で育ったわたしは流れの速い安倍川で泳ぐなといいきかされたが、そこで泳いだ家康の腕前は相当なものだったと思う。慶長十五（一六一〇）年、古希を前にした六十九歳のときも駿府の瀬名川へ川釣りに出かけて川泳ぎをした記録があるから、ずいぶん元気なじいさんだった。

ドイツのことわざに「トラック一杯の新薬より一台の自転車」というのがある。日本でも高齢者は「盆栽よりゲートボール」といわれる。たしかに運動はコレステロール値や血圧を下げることが証明されている。スポーツによる身体の鍛錬こそ家康の養生法の中核であり、壮健さの源泉だった。

家康がとりわけ熱心に実行したのは鷹狩りである。朝早おきして鷹を放ち、馬にのって山野を駆けめぐる。高度の技術を要するレジャーであり、現代のゴルフに相当する。七十をすぎた晩年はもっぱらこれに興じて山野を歩き回った。鷹狩りは遊楽だけでなく軍務の調練にもなる。遠く郊外へ出て庶民の暮らし向きを間近にみることもできる。風寒炎暑をいとわず馬にのって山野を疾走すれば、筋骨をうごかし手足を敏捷にさせ、おのずから病気などおこりようもない。そのうえ、朝早くおきるから朝食の味もひとしお快《こころよ》く夜もぐっすり眠れる。自然に閨房からも遠ざかる。これこそなまなかの薬を用いるより、はるかにまさる養生の要諦であると家康はいっている。ことに天下人となった秀吉が荒淫にふけり腎虚におちいって身をほろぼした姿を目のあたりにしたから、女色におぼれてはならぬと自戒した。最晩年、少女のような娘と同衾したが、セックスをするのではなく、ただ若い女性のエネルギーを浴びて精気を回復させるのが目的だった。家康にとっていわば性の森林浴のごときものだが、爺むさい口臭や体臭を浴びせられた少女のほうはさぞかし迷惑至極、閉口渋面の毎晩だったであろう。現在なら未成年者強制わいせつ罪で警察へ引っ張られるところだ。

家康は塩気のある大豆みそ（三河特産の八丁みそ）を団子にして戦場の保存食に用いた。塩分がなくなると体内のナトリウムやカリウム、クロールなどの電解質がアンバランスになり、意識はもうろうとして戦う意欲が失せる。塩気さえあれば草木を口にしてなんとか気力を保持できる。だが塩分なしで野草をむさぼるとカリウム中毒をおこして命が危ない。昔の言伝えに「塩が切れれば、米なきよりもくたびれるものなり」というのがある。昔びとは電解質バランスの重要性は知らなかったが、経験的に塩分の大切さを心得ていたのだろう。

今川義元の日常生活をつぶさにみてきた家康はグルメ肥満の義元を反面教師として美

食をさけ、ふだんは玄米食に大豆みそを中心とする粗食に徹した。サプリメントとして用いたのは精力剤の八味地黄丸《はちみじおうがん》である。地黄や茯苓《ぶくりょう》、牡丹皮などを配合し、中年の精力減退、インポテンツ、前立腺肥大、膀胱炎など多方面に効能のある妙薬で、四百年経ったいまでも町の薬局で売っている。六十をすぎた家康が三人の男子をもうけ御三家を創立できたのも、このようなサプリメントのおかげであろう。

異常なまでの医療研究

戦国武将が袖の下にたずさえた救急薬を御袖薬《ごしゅうやく》というが、その中に薬種を細かく刻み、うすい布の小袋に入れてさっと湯掻《ゆが》く「振り出し薬」があった。家康の御袖薬は「引きおこし」といい、甘草《かんぞう》や肉桂《にっけい》など六味をくわえて気をよみがえらせる賦活薬だった。食中《あた》りや胃腸薬に用いる「三和湯」という薬もはいっていた。

戦国時代、わが国にタバコが伝来した。タバコは喫煙のほかに、なぜか薬として信じられ、頭痛や肺の病いに効くとされた。しかし家康はタバコに興味を抱かなかった。慎重な家康は本能的にタバコの害をみぬいたのだろうか、決してタバコを吸おうとせず、それどころか、たびたび喫煙禁止令を出させた。幕府の許可がおりたのはようやく慶安のころからである。現代の肺がんや喉頭がんの蔓延ぶりをみるにつけ、家康が喫煙者を島流しにするくらいの厳罰に処していたらと思わぬでもない。

家康は医薬に大きな関心があり、戦場でも中国の宋代に発刊された処方集『和剤局方』を鞍にたずさえた。戦乱がおさまり平和な時代がくると大勢の侍医を召し抱える。侍医団の中心は片山宗哲、吉田意安《おきやす》、施薬院宗伯といった本道（内科）の医師たちだった。だが心底ではかれらを信用せず、誤診をしたり、少しでも処方を間違えようものなら容赦なく叱りつけ、厳罰に処した。医療事故取締りのはしりである。

侍医団は家康の医療研究の相手も仰せつかった。明国の李時珍が著し一五九六年に刊行された『本草綱目』という書物がある。薬草、薬石をはじめ自然界にあるほとんどすべての物を薬効という視点からとらえて分類した中国の代表的な薬学書である。家康は六十四歳の折り、この書が長崎に輸入されるとさっそく取り寄せて、侍医頭の片山宗哲に講義をさせている。

家康は手ずから多くの薬剤を調合した。当人が用いた薬種と製薬道具の詳細は家康の遺産帳である『駿府《すんぷ》御《お》分物《わけもの》御道具帳』全十一冊に記録されている。そのうち『御薬種之帳』に記された薬種は、「麝香《じゃこう》、龍脳、午黄、人参、蜂蜜、丁香《ちょうこう》、犀角《さいかく》、硼砂《ほうしゃ》、大黄、

薬の調合に使った乳鉢、乳棒（久能山東照宮）

甘草、没薬《もつやく》、麻黄、白檀、附子《ぶし》、水銀、烏頭《うず》、肉桂」など百十六種におよんでいる。薬を調合する道具にいたっては『御薬種之道具』に「薬研《やげん》、薬臼、乳鉢、薬ふるい、薬匙、天秤、薬袋、薬重箱、渋紙薬包紙」など、本職の医師顔まけの調剤道具一式がそなえられていた。久能山東照宮博物館には家康愛用の火縄銃や、一五八一年マドリッド製の銘がはいった時計といっしょに三本のガラス製薬瓶をおさめた薬箪笥や乳鉢、乳棒が現存する。

　家康がみずから調合した薬として、万病円、寛中散、銀液丹、神効散などがある。神明膏という刀傷や矢傷にぬる軟膏も練っている。これらの処方や調剤道具を眺めていると、背中を丸めて薬研を回す家康の姿が目にうかんでくるようだ。

　調剤した薬は大名や側近たちが風邪を引いたり腹をこわしたりすると、症状に応じてわけ与えたりしたから一部の大名は蔭で「御医師《おんいし》家康」と蔑称した。士農工商と身分制度のやかましい江戸時代、医者は儒者、僧侶などとともに頭を丸め、長袖を羽織る慮外者《りよがいもの》として扱われた。ことに血や尿などの穢れを扱うから、不浄者と一段低くみられた。大名たちが長袖流の真似をする家康を快く思わず、「御医師家康」と蔑《さげす》んで呼んだのも故《ゆえ》あることだった。

胃がんで苦しんだ末

医学好きで壮健を誇った家康だが、古希をすぎると体力の衰えを隠せなかった。

元和二（一六一六）年一月二十一日早朝、家康は駿府城を発駕して郊外の田中へ鷹狩りにいった。家来どもはホラ貝や太鼓を叩いて森に隠れる野ウサギやキツネ、キジなどを狩り場へ追い出す。鷹匠の放つオオタカが空中から獲物を狙う。家康は七十五歳の高齢にもかかわらず野山を駆けめぐって狩りに熱中した。爽快な狩りをおえた家康は夕食に鯛の天ぷらを食した。

先日、側近の茶屋四郎次郎がきて「いま都では鯛をゴマ油で揚げてネギをすってかける天ぷら料理が流行して、すこぶる美味でございます」と話した。駿河湾ではこの時期、極上の黒鯛が釣れる。このところ食欲がなかった家康は鯛の天ぷらを賞味した。狩りの疲れでその夜はすぐに寝ついたのだが、丑の刻（午前二時ごろ）、にわかに腹痛をきたした。痰も詰まって気分が悪い。駆けつけた侍医頭の片山宗哲が診察すると、腹中にしこりをふれた。宗哲はこのしこりを癪《さしこみ》と診立てたのだが、家康は以前「寸白」をわずらったことがあり、腹中のしこりをサナダ虫の固まりだと自己診断を下した。宗哲の調合した癪の薬は服用せず、寸白に験のある自家製の万病円三十粒と銀液丹二十粒を飲んだ。

医者はふつうわが身を診断しないものだ。患者さんに対するのとちがい、わが身となれば一転して慎重になる。なまじっか知識があるだけにあれこれ悪いケースが脳裏をよぎり、冷静な判断が下せない。人にまかせれば気が楽である。家康は自分で寸白だと決めつけたのだから責任をすべてわが身に背負う強い意志をもった男なのだろう。

三日間、田中で静養したのち、家康は一月二十四日に駿府へ帰った。だが腹痛はつづき、さらに万病円を飲んだ。しかし効き目は一向にあらわれない。それでも侍医のすすめる煎薬を嫌って服用しなかった。

一月下旬になると家康の食欲はめっきり衰えた。喀痰《かくたん》が増え、脈に結滞《けったい》（不整脈）がみられた。父の容態をきいた秀忠は、二月一日辰の刻（午前八時ごろ）江戸城を出立し、昼夜兼行で翌二日申の刻（午後四時ごろ）駿府城についた。父が万病円しか飲んでいないのを知ると秀忠は主治医の宗哲を呼んで、「大御所の薬は強すぎてからだにさわるから、その方より服用を諌めてもらえぬか」と頼んだ。宗哲もそう思っていたところだから「御薬は少々お控えなさっては」と進言した。家康はあごをふるわせて怒りだし、宗哲を信州の諏訪高島へ流罪にしてしまった。漢方研究の第一人者としてプライドを傷つけられたこともあろうが、年相応に脳の動脈硬化がすすみ、かなり頑固になっていたのだろう。

三月下旬になると、口にするのは湯漬けや茶漬け、粥、葛《くず》の水団《すいとん》だけだった。『梅津政景日記』によると、京都から曲直瀬道三《まなせどうさん》が往診にきたときも、やせて顔色が悪く、吐き気もあり、脈は弱かった。おそらく、がんの末期にみられるような悪液質におちいっていたものと思われる。

三月十七日、朝廷より家康を太政大臣に任ずるという勅使が駿府城に来駕した。だが、重病人の家康は勅使に対面する体力がなく、奥御座之間に臥したまま宣旨をうけた。

四月二日、病状がますます悪化するのを自覚した家康は側近を呼び集めて死後の処置をこまごまと指図した。

「遺骨は久能山におさめ、葬礼は増上寺にておこない、位牌は三河の大樹寺におさめよ。一周忌をすぎたら日光山に小祠堂を建て勧請せよ」

これが冥土ゆきを覚悟した大御所の遺言だった。

四月五日になると高熱を発し、しゃっくりがとまらない。大量の痰を喀出して、ことのほか苦しそうなので駿府城西丸に滞在する秀忠は連日本丸に詰めて父の病状を見守った。見舞いの大名や公卿たちが引きも切らず駿府城に詰めかけた。四月十一日ごろより病人の疲労はなはだしく、食事は一切とることなく白湯をほんの少し飲むだけだった。側近たちは、もはや今日明日の命かと絶望的になった。

四月十六日から水分をまったく口にせず、翌十七日巳の刻（午前十時ごろ）、七十五年の生涯をおえた。遺骸は遺言通り久能山に葬られた。

一般に家康は鯛の天ぷらによる食中毒で亡くなったとされる。だが『江戸時代医学史の研究』を著した医史学者服部敏良博士は、家康の死因は胃がんではなかったかと指摘する。その根拠として、家康はしばらく前から食欲がなく、からだが徐々にやせてきたこと、侍医の触診にて腹中にしこりをふれたこと、もし鯛の天ぷらによる食中毒で死亡したならば数週以内で決着がついたはずだが家康が亡くなったのは発病から三カ月もかかったことなどをあげている。服部博士は家康の胃がんは以前から発症していて鯛の天ぷらが症状を顕在化させる引き金になったのではないかとも推測する。たしかに胃がんが腹上よりしこりとなってふれるようであればすでに末期であろう。食欲がないならと茶屋四郎次郎に鯛の天ぷらをすすめられた気配もある。がんはしばしば家系的にみられるが、のちに述べるように息子の秀忠や孫の水戸光圀《みつくに》も消化器がんでたおれたことや、臨終間ぎわまで意識があったこともがんの発症をうたがわせる。

日ごろ養生に細心の注意を払い、御医師家康といわれたほど医療に自信をもっていた本人が、人生の最後にきて腹中の固まりをサナダ虫と誤診したのは皮肉な結末だった。己れの思いこみによる診断を優先させ、その結果、重大な病気を見落として強力な薬を飲みすぎ、あたら寿命をちぢめてしまった。

ここで多少なりとも家康の弁護をすれば、かれの診断がまったくの誤りだったとはいい切れない。腹部のしこりといえば当時はたいてい寄生虫のせいだから最初に寸白を頭にうかべたのは当然である。現代でも胃がんと思われた腫瘤を手術で摘出したところ、実は胃壁に棲みついた虫のアニサキスが悪さをしていたケースがあった。アニサキスはイルカに寄生する回虫の仲間で、イカやサバの刺し身を食べると胃壁にもぐりこむことがある。胃の粘膜に食らいつく虫もいて、キリで刺すようなひどい痛みがおこる。俳優で文化勲章を受章した森繁久彌氏は名古屋で刺し身を食べてこの変わった寄生虫にやられた。虫はときに胃壁の中で死骸となり、これを取り巻いて炎症性の腫瘤ができることもある。これを胃がんと誤診しても決してふしぎではない。

家康が胃がんで亡くなったのは大坂冬の陣・夏の陣をおえた翌年であった。いいかえると家康の胃がんは豊臣家を滅亡させるまで発症を待ってくれた。発病がこれより二年早ければ徳川幕府は存続しなかったかもしれない。徳川一門はこの健気な胃がんを大明神として祀り、がん研究者に多額の研究費を奉納すべきであろう。

秀　忠——二代将軍（一五七九～一六三二）

律儀な恐妻家

二代将軍秀忠は天正七（一五七九）年四月七日、申の刻（午後四時ごろ）遠江国浜松城に生まれた。生母は家康の側室お愛の方、幼名を長丸《ちょうまる》といった。三男であったが世子の順番が回ってきたのは長男の信康が信長に自害させられ、次男の結城《ゆうき》秀康《ひでやす》も秀吉の許に養子入りしたことによる。

長丸は十二歳のとき京都の聚楽第にて元服した。このとき秀吉から偏諱《へんき》を与えられ秀忠と名のった。四年後、秀吉はお市の方の娘お江与《えよ》を秀忠にめとらせた。伏見城で婚礼がおこなわれたとき、花婿は十六、花嫁は二十二、二度離婚歴のある姉さん女房だった。お江与が長女千姫を生むと秀吉は嗣子秀頼と千姫を婚約させた。秀頼の将来を考えて実力者家康と縁戚を結んだのであろう。

秀吉はまだ身分の低い木下藤吉郎のころから信長の妹お市の方に懸想《けそう》していた。だが気位の高いお市の方は猿のような小男をまったく相手にしなかった。秀吉が越前国北ノ庄城に柴田勝家を攻めたとき、勝家の妻だったお市の方を救出しようとしたのだが、彼女は夫とともに自害した。のちに秀吉は城を脱出したお市の方の長女茶々、次女お初、三女お江与の三人を手許に引き取った。

ここはわたしの想像なのだが、お市の方は城を去る娘たちに向かい、「織田家の血を守り、父の仇《かたき》秀吉に復讐せよ」といい含めたのではなかろうか。茶々は二十二歳で好色な秀吉の側室にされ、秀頼を生んだ。だが秀頼は背が高く秀吉とは似ても似つかぬ好男子である。大坂の町民たちは「ほんまに太閤はんのお子かいな」と噂しあった。正室おねと二十人あまりいた側室がだれひとりみごもることなく茶々(淀どの)だけが二度も懐妊したのはとても不自然だとわたしは思う。察するに秀吉はこどものころ流行性耳下腺炎(おたふく風)をわずらい、その合併症である副睾丸炎をおこして男子不妊症(無精子症か乏精子症)におちいったのではなかろうか。たぶん秀頼は淀どのが城内の若侍とまぐわってもうけた不倫の子なのだ。母の遺言を忠実に守った茶々は、見事、秀吉にリ

秀　　忠——二代将軍

律儀な恐妻家だった秀忠（松平西福寺）

ベンジを果たしたとみてよかろう。

　次女お初は京極高次の夫人となって一生をおえた。秀忠の正室となった三女お江与は気が強く嫉妬心も並み外れていた。側室たちを秀忠のもとに近づけなかったばかりか、奥女中が妊娠でもしようものならきびしく追及して堕胎させた。堕胎は公《おおやけ》にはできぬので大奥に出入りする者に頼んで市中の専門医にこっそり始末させた。上野の寛永寺には将軍家が堕胎させた水子の墓があるといい、さる知人は林立する墓の中を探してみたがわからなかったといっていた。わたしも機会があれば一度たしかめたいと思う。

　秀忠は歴代将軍の中でも珍しいほど堅物で律儀な恐妻家だった。お江与がつづけて女子三人を生んだあと、氏名未詳の側室が秀忠の長子を生んだらしい。秀忠はよろこんで自分の幼名と同じ長丸と名付けたのだが二歳の折り、御灸がもとで早世した。御灸で他界したとはなんとも解《げ》しがたい。お江与の手にかかって変死させられたのではないかと噂がとびかった。

　もうひとり、お静という側室が秀忠の子をみごもった。お江与は妊娠中からおろすように強要した。お江与の脅迫におびえたお静は大奥から逃げだし、「御胤《おたね》をみごもりながら、市中にさまよう。神命まことあらば、それがし胎内の御たねの安産を守護したまえ」と大宮の氷川《ひかわ》神社に祈った。お静はぶじに男子を生み、幸松と名付けたが、お江与の手でなんども殺されそうになった。秀忠はお江与をはばかり、お江与が死ぬまで幸松と対面しなかった。この子はのちに保科正之《ほしなまさゆき》と名のり、お江与の生んだ次男家光と、その嗣子家綱の後見役として活躍するのだから、人生まったくわからぬものである。

「織田の血を守れ」

お江与の嫉妬はすさまじかったが、これには理由があった。「織田家の血を守れ」との母の遺言がつねに脳裏にあり、側室たちの懐妊を警戒したのだ。お江与は辛抱強くこどもを生みつづけ、二男五女をもうけた。次男家光は三代将軍となり、衰滅した織田家の血は徳川将軍家によみがえったのだ。それだけではない。お江与の生んだ五女の和子は後水尾天皇のもとに入内して女御となり、のちに明正《めいしょう》天皇となる皇女をもうけた。織田家の血は天皇家にも流れこみ、お市の方の執念は見事に実ったのである。ヒトの細胞核にあるDNAは父母由来のものだが、細胞間質にあるミトコンドリアのDNAは女性のみに遺伝する。研究者はこの特別な性質を利用して人類の祖先がアフリカのイヴだったことをつきとめた。現代の遺伝子研究員が高貴な女性のミトコンドリアDNAを調べるとき、顕微鏡下にお市の方がニヤリと笑うまぼろしをみて一瞬ぎょっとするかもしれない。

関ケ原の合戦で秀忠は大失態をしでかした。東山道を西上して戦場に急いだものの、信州上田まできて豊臣方についた真田昌幸の抵抗にあい、さんざん翻弄されて決戦に間にあわなかった。一説によれば、姉の淀どのを救いたい一心でお江与が秀忠をたきつけ、

お市の方の娘、お江与（養源院）

やらなくてもよい上田城を攻めさせて関ケ原ゆきを四日間も遅らせたといわれる。秀忠は家康にこっぴどく叱責されたが、なんとか二代将軍の座につくことができた。その後は大御所家康の蔭に隠れ、椿の花を愛でて暮らす印象のうすい存在になった。

家康が亡くなったあとの徳川政権はなお未熟で不安定だった。秀忠を支える幕閣にとって将軍家の権威をいかに保つかは最大の課題だった。幕閣はキリシタン禁令を強化して反乱の芽をつみとり、地方大名の曲事《くせごと》を格好の処分材料とした。秀忠の時代、全国諸大名を三十九家も改易して将軍家の圧倒的な権威を確立した。

秀忠はお江与の尻の下に敷かれてはいたが、毛むくじゃらの手足をした大柄な体格だった。鉄砲の名手でもあり、外見やふるまいはとても男らしかった。健康面でも家康の血を引いて、まことに壮健だった。既往歴として十九歳のとき疱瘡（天然痘）にかかった。慶長二（一五九七）年十二月二十七日、鷹狩りに興じている間に急に体調不良を覚え、急ぎ帰城したところ、疱瘡のはじまりとわかった。成人の疱瘡はとかく重症になりがちだが、秀忠のそれは順調に経過して全治したようである。ほかに腫れ物や霍乱《かくらん》（暑気当たりなどによる急性胃腸炎）をわずらったが、いずれも特記すべきほどの病状ではない。

元和九（一六二三）年、四十五歳のとき、家光に将軍職をゆずって大御所となり、西丸に住んで息子を後見した。

偉大な父がストレスとなり

病気とは縁遠い生活を送っていた秀忠だが、寛永八（一六三一）年、五十三歳の正月ごろより食思不振におちいった。さしたる誘因もないのに胃腸の具合が悪く食事がすすまない。機嫌も悪くなり側近の者が手を焼いている。

三月になって腹痛を訴えたので、外科医の曾谷伯安が診察をした。腹部にしこりをふれたが、この固まりは痛みもなく方々へうごくので伯安は「寸白」つまりサナダ虫と診立てて鍼と灸をおこなった。それまで床につくほどではなかったが、六月に軽い腹痛が再発したため大事をとって病臥した。七月の中旬、いっとき気分のよい日があり、江戸城内の紅葉山へ参拝する。だがその帰路、急に癪《さしこみ》を訴えて苦しみだしたので供侍たちは愕然とした。幕閣もこれ以上、秀忠の病いを隠しておけなくなり、七月十七日に大御所の御不例（病気）を公表した。江戸在府の諸大名は秀忠を見舞おうと、西丸に列をなしたという。同月二十一日、京都五山の僧たちは大御所の病気平癒を祈るよう命ぜられた。朝廷も病気見舞いの勅使を江戸城にさしむけている。

八月になると病状はやや沈静化して食欲もでた。行水や月代《さかやき》もおこなった。腹痛だけはつづいていたが、これもよくなったり悪くなったりしていた。

九月にはいると、ふたたび癪がはじまった。便秘のために腹が張り、からだもやせて脚のむくみがあらわれた。鍼治療をおこない灸をすえたが、さしたる効果はみられなかった。十一月になると吐血と思われる血の固まりを吐き、主治医を代えたりしたが、はかばかしくない。冬がきて病状は重篤になり、暮れには危篤とまで伝えられた。

翌寛永九年の正月には諸大名を迎える年賀の行事にも出席できず、一月半ばから憔悴《しょうすい》して薬は一切服用しようとしなかった。同月二十四日、五十四歳をもって冥界入りした。遺体は芝の増上寺に葬られた。

秀忠はほぼ一年あまり消化器症状に悩まされてすごし、最期はやせ衰えて死にいたった。腹部のしこり、長期の腹痛と食欲不振、吐血、次第に生じた羸瘦《るいそう》などの症状から秀忠の死因も胃がんなどの消化器がんをうたがわしめる。発病が五十代はじめのがん年齢だったことや、父の家康も胃がんをわずらったこともこれを裏付ける。

現代では早期発見・早期治療により胃がんを完治できるようになった。胃は心労によりもっとも痛めつけられる内臓のひとつである。秀忠も偉大な父親をもったという強いストレスが胃がんを引きおこす遠因になったのであろうか。英雄ナポレオンも最期は胃がんにたおれたが、ふだん強いストレスにさらされ、胃を悪くしてしょっちゅうみぞおちを撫でていた。現代人も胃が痛むような日々を送っている。過飲過食と喫煙でこれをまぎらわす人も多い。胃がんを予防するにはタバコを吸わない、アルコールはほどほどに、大食い・早喰い・丸飲みなどの不自然な食生活をさけ、バランスのよい栄養をとる、適当な運動をする、ストレスをさけ良質な睡眠を確保するなど、日ごろの養生がものをいう。すべて平凡な養生法であり、自分自身にもいいきかせていることばかりなのだが、なにごともいうはやすくおこなうは難い。患者さんには養生を説いても自分がそれを実行する医療人はどれほどいるのだろうか。

結城秀康――家康の次男（一五七四〜一六〇七）

宿痾の梅毒

家康の次男結城秀康は遠江国宇布見《うぶみ》村の中村家で生まれた。浜松城の近郊である。幼名を於義丸《おぎまる》といった。母は家康側室お万の方とされるが、於義丸の生母は三河知立《ちりゅう》城主永見氏の娘だとか、大坂の町医者の娘であるという説があってはっきりしない。家康も於義丸は西三河の旗頭とお万のあいだにできた不倫の子ではないかとうたぐった。わが子と認知するのをこばむ父をみかねて、長男の信康は三歳の於義丸を強引に家康に対面させ、ようやく自分の息子とみとめたといわれる。

出自をうたがわれた子は父の愛情に乏しかった。小牧・長久手の合戦の直後、子のない秀吉に乞われると、家康は於義丸をあっさり養子に出した。天正十二（一五八四）年

家康の次男、結城秀康（龍泉寺）

十二月、十一歳の年である。秀吉は於義丸を可愛がり、翌年元服させたときは自分の諱《いみな》を与え、羽柴三河守秀康と名のらせた。天正十八（一五九〇）年、秀吉の小田原攻めがおわった直後、下総《しもうさ》の名門結城家に乞われ、同家に養子入りして下総十万石を継いだ。

　秀康は勇猛果敢な性格だった。慶長五（一六〇〇）年、関ケ原の戦いがおこると家康の命により宇都宮にとどまり、会津勢の東上を阻止した。その功績により二十七歳の若さで越前国六十七万石の藩主に封じられた。居城はお市の方がいた北ノ庄城である。武勇に秀でた秀康は諸大名から敬服された。しかし己れの才を恃《たの》んで傲慢なふるまいがあり、周囲を困らせた。その勇猛さに秀忠も一目おいたほどだが、秀康は重大な疾病を抱えていた。宿痾《しゅくあ》の梅毒である。

梅毒の起炎菌は梅毒スピロヘータであり、それまで南米大陸の片隅にひっそりとうずくまっていた。だが大航海時代がやってきて人が自由に移動するようになると特定地域にいた梅毒スピロヘータは地球規模で一気に拡散する。梅毒のグローバル化である。しかも快楽を伴って伝播するから、たちまちヨーロッパから中国大陸を経て、戦国時代の日本に侵入した。どうやら秀康は当時流行した女歌舞伎の踊り手たちと乱脈な性行為をくり返して病気をうつされたのではないかと推測されている。

梅毒は第一期から順に第四期まで進行する。前半はバラ疹などの発疹が主だが、後半の第三期ともなれば梅毒スピロヘータは猛威をふるい、人体組織を着々と侵食する。その破壊力はすさまじく、口腔粘膜や口蓋軟骨、鼻中隔軟骨なども崩れて顔面はみにくく変形する。秀康の梅毒も第三期にいたって鼻が欠け落ちた。

『岩淵《いわぶち》夜話《やわ》別集《べつしゅう》』によると梅毒の療養をおえた秀康は病後の御礼のため久びさに登城して父との対面を願った。このとき秀康は膏薬を貼って鼻の欠損を隠していた。これを知った家康は「腫れ物に貼り薬をつけるならともかく、損じた鼻を隠すのに膏薬を貼るとは大将たる者のやることか。わが子として沙汰のかぎり、汚れ切った心根なり」と怒りだし、「今日の対面はやめだ。早々に退出せよ」と息子を追いはらったという。

特効薬のペニシリンなどない時代だから勇猛だった秀康も全身を梅毒にやられ、段々と無力におちいった。第四期にいたるとスピロヘータは脳脊髄をおかし、麻痺性痴呆や足腰に電流が走るような衝撃と疼痛が生じる脊髄癆《せきずいろう》を発症する。

「父よ、なぜ、わしを……」

梅毒の猛威にさらされた秀康は、慶長十二（一六〇七）年閏《うるう》四月八日丑《うし》の刻（午前二時ごろ）、三十四歳をもって病没した。

三男秀忠が次男秀康をさしおいて二代将軍に就任したのは慶長十年四月十六日である。「父よ、なぜ、わしを将軍に推挙しなかった」。まだ存命していた秀康の悲痛な叫びがきこえるような日だった。だが家康にはわかっていた。家康の父は家臣の裏切りにより無残な死を遂げた。信長も独断専行が昂じて光秀の謀反を誘った。三河武士はれんめんとつづいたネットワークに支えられて成り立っている。この網をやぶれば徳川家の明日はない。「トップが突出すれば組織はゆがむ」。それには秀康のような傲岸な息子を将軍にはできぬ。こんなとき長男の信康がいてくれたらと、父はひそかにため息をついたであろう。

もし秀康が長命を保ったとしたら、家康が他界した直後より反幕勢力に担ぎだされ、幕府に反旗をひるがえしたかもしれない。秀康が早々とあの世へいったのは徳川宗家にとってこのうえない僥倖だったといわなければならない。

松平忠輝――家康の六男（一五九二～一六八三）

秀康嗣子の乱行

家康の係累をみると秀康や家光・忠長《ただなが》兄弟、綱吉ら精神を病んだと思われる者がかなりいた。秀康の嗣子松平忠直《ただなお》もそのひとりである。かれは元和八（一六二二）年ごろより躁急の疾があり、この年の十月八日、なにかに憤り、長刀をぬいて勝子夫人（秀忠の娘勝姫）と娘の長姫を居室に呼んでこいと側近に命じた。身代わりにやってきた侍女二人を忠直はその場で斬り殺した。城内は騒然となり、家来たちに幽閉された忠直は幕府の仕置きを待った。菊池寛の小説『忠直卿行状記』には狂気のさまが如実に描かれているが、精神科医で病跡学者の王丸勇氏によれば忠直は躁うつ性精神病をわずらい、躁とうつが交互にあらわれたために乱行におよんだとしている。一説に父秀康が幕府から不当に扱われたことや、忠直自身も大坂の陣で功績をあげながら、なんらむくわれなかったことが不平不満をつのらせたといわれる。のちに忠直は狂気・乱行の罪により九州豊後国に配流された。

狂気の烙印

家康の六男松平忠輝《ただてる》もまた狂気の烙印をおされた。

かれは幼名を辰千代といい、母は遠州の鋳物師の妻でお茶阿《ちゃあ》といった。お茶阿は子連れの後家で美人だったが、辰千代は母に似ず容貌がみにくく、きかん気の暴れん坊だった。家康にうとまれ、家臣の皆川広照の家で育てられた。

慶長三（一五九八）年、七歳のとき一時途絶えていた三河の長沢松平家を継ぐチャンスにめぐまれ、その後は武蔵国深谷一万石の大名を皮切りに同七年、下総佐倉で五万石、翌年、信濃国川中島で十四万石と、とんとん拍子に出世した。このころ伊達政宗の娘を妻に迎え、同十五年、越後国福島城で七十五万石を領有する太守にまで昇格した。同十九年、越後高田に新城を築いて移ったが、以前より幕府に反抗するふるまいがあり、家康をいらだたせた。ことに大坂夏の陣に出陣した際、将軍秀忠の家臣を成敗するという不始末をしでかして家康を怒らせた。キリシタンに入信していたともいわれる。

なにかとたてつく忠輝に手を焼いた秀忠は家康が亡くなるとすぐ改易を決心した。元和二（一六一六）年七月十日、秀忠は「家康の遺命である」と称して忠輝を伊勢《いせ》朝熊《あさま》に配流した。処罰の理由は大坂の陣の不功と不行跡である。同四年、身柄を飛騨高山に移し、寛永三（一六二六）年には信濃諏訪へ預けられた。たとえ将軍家の実弟であろうとも不祥事をおこせば容赦なく改易する、という二代目の決意表明であり、幕府の命令に従わねばその方どもの命運もかくのごとし、という全国諸藩への警告でもあった。

山岳寒冷の地に遠ざけられた忠輝だが、したたかに長生きした。天和三（一六八三）年七月三日、当時としては九十二歳という驚異的な長命を保って没した。家康のＤＮＡと信州の豊かな自然環境がもたらした賜物であろう。昔から長野県は長生きの土地柄で多くの長寿者が元気に暮らしている。ちなみにわが女房どのの両親は信州人で現在百四歳と九十八歳になる。会うたびにまるで生き仏に接するような有り難さを感じるが、女房どのもこれほどの超長寿を保つのかと思えば空恐ろしい気がしないでもない。

家　光——三代将軍（一六〇四～一六五一）

時代劇とは違った実像

秀忠の正室お江与は多産のたちでつぎつぎにこどもを生んだ。千姫、子々《ねね》姫、勝姫、初姫、竹千代、国松、和子の二男五女である。側室の生んだ長男の長丸は二歳で早世したので、次男竹千代が事実上嗣子となり、のちに三代家光を名のる。家光はドラマやシネマの世界では男前のりりしい将軍として活躍するが、その実像は貧相な小男だった。巷間、「権現（家康）の再来のごとし」といわれたのは将軍家の権威をたかめるべくおこなった幕府のキャンペーンが成功をおさめたからであろう。

竹千代は慶長九（一六〇四）年七月十七日未の刻（午後二時ごろ）、江戸城西丸で誕生した。生来病弱だったうえ、小心で無口であり愚鈍なこどもと思われた。成人になって

時代劇で描かれる像とは違った家光（輪王寺）

もあまり話そうとせず、一説には吃音障害だったといわれる。儀式のときもうまくことばが出ないので御《お》取合《とりあい》役の幕臣が家光の申し状をいちいち取りついだ。大久保彦左衛門も『三河物語』の中で家光のことを「物ものたまわず、人に御言葉かけさせられ給う御事もなくして、なんとも御心の内知れず」と不満そうに評している。

一方、家光の弟国松はまことに利発で色白の顔立ちが愛くるしい。母のお江与はいささかぼんやりしている兄よりも二歳年下の弟を溺愛した。父の秀忠も国松のほうに目が向く。両親の笑顔が才気煥発な弟ばかりに向けられてはたまらない。親の愛が得られなかった家光がいじけたこどもに育ったのは想像にかたくない。かつてわたしは重度の障害者を療育する入所施設で働いていたが、この施設にバッタード・チャイルド（被虐待児症候群）のこどもを何人か預かった経験がある。ここで判ったのは虐待をする親は兄弟姉妹のうち特定の子だけをなぶり者にする傾向があったことだ。家光の場合も母親は賢い弟だけを可愛がり、色黒の愚兄はネグレクト（無視）された。そのうちにお江与は見ばえがよく賢い国松のほうが次期将軍にふさわしいといい出した。兄をさしおいて弟を後継者にするのは将来の災いの種である。秀忠は憂慮したが、お江与にさからうほうが恐いので、それもよかろうとうなずいた。

お世継ぎ騒動

将軍夫妻が愚鈍な竹千代を嫌い、利発な国松を愛しているという噂は大奥から城内に伝わった。話は大げさになり、世継ぎは国松に決まったともっぱら取り沙汰されるようになった。実際、国松の部屋にゆくと御台所（お江与）から下された品々が沢山あり、それを目当てに近習たちが部屋へ詰めかけた。幕閣たちのあいだにも国松後継説が大っぴらに流れた。懸念したのは家光の乳母お福（春日局《かすがのつぼね》）である。

お福は明智光秀の重臣斎藤利三《としみつ》の娘だった。父はお福が四歳のとき山崎の合戦に敗れて磔《はりつけ》にされた。反逆者の娘はその日の食べ物にも困ったが、もちまえの勝気と機転で世間の荒波をしのいだ。やがて母方の親戚である稲葉重通《しげみち》に引き取られ、養子正成《まさなり》の後妻にはいった。正成は小早川秀秋に仕え、関ケ原の合戦では秀秋に裏切りをすすめた張本人である。正勝、正定、正利と三人の男子を生んだお福だが、気性がはげしく嫉妬深い。二十六歳のとき、夫が妾にこどもを生ませたと知ると激怒して妾を小刀で刺し殺し、そのまま家をとびだした。京都へ出たお福は将軍家が乳母を募集している高札に目をとめた。お福は娘時代に奉公した右大臣三条西実条《さんじょうにしさねえだ》の北の方に添書（紹介状）をもらい、京都所司代板倉勝重のもとにいって乳母になりたいと願い出た。京女は関東へ下るのを嫌ってだれも応募しなかったので、お福はすぐ竹千代の乳母に採用された。

『春日局譜略』によれば、大坂夏の陣がおわった五カ月後の元和元（一六一五）年秋、父母にうとまれているのを嘆いた十二歳の竹千代が前途を悲観して脇差をぬき、自殺をはかったという。こういうのはたいてい後世のつくり話だが、竹千代がこれに近い厭世観を抱いていたことはありえよう。長男竹千代の地位が危ういと恐れたお福は、伊勢参

家光に肩入れした春日局（麟祥院）

りを口実にして侍女二人とともに江戸城をぬけだした。行先は駿府の大御所のもとである。

戦前、静岡市の駿府城濠端近くに春日町があった。小学生のころ、わたしはその隣の台所町に住んでいた。思えば春日町は春日局にちなんだ町名であり、彼女はここから駿府城内へ出かけ大御所に面会して竹千代を世継ぎに定めるよう願い出たのだ。

江戸時代初期、長子相続制度は確立されていなかった。三男秀忠が将軍職につくときも閣老の中には秀康のほうが武勇も長幼の序も上だと次男を推す声があった。しかし家康は武官タイプの秀康をしりぞけ、文官タイプの秀忠を選んだことはすでに述べた。表向きは長兄信康が信長の命で自裁させられ、次兄秀康が秀吉の養子となって結城家を継いでいたため秀忠を将軍職につけるのがふさわしいと宣言したのだ。

そしてこんどは三代目である。いまや徳川政権の基礎は固まりつつあった。これを盤石のものにするには世継ぎをめぐる対立を未然に防がねばならない。家康は儒教の教えに従い、今後は長幼の序を重んじて世継ぎを決めると胆《はら》を固めた。

お福の陳情をうけた家康は元和元年十月初旬、鷹狩りに名を借りて江戸へ下向した。家康は秀忠夫妻に「久しぶりに孫に会いたい」といい、竹千代と国松を連れてこさせた。兄弟がはいってくると家康は「竹千代どのはこちらへ」と上座に招いた。つづいて国松があがろうとすると「国松はそこじゃ」と下段の間に座らせた。餅菓子が出ると「竹千代どのにさしあげよ」といい、「国松にも喰わせよ」とことば遣いを変えた。家光こそ将軍の後継ぎであると家臣一同の前で示したのである。以上は伝聞であって春日局周辺から流されたつくり話であろう。新井白石は三代将軍の継嗣騒動などまったくなかったと嗤《わら》っている。

家康は元和二（一六一六）年四月に亡くなった。家光の将軍継嗣決定から、わずか半年後である。春日局にすれば、すれすれのところで間にあった。気性のはげしさと嫉妬深さでは春日局とお江与は江戸城の双璧である。お江与は当分の間、悔しくて袖を咬む毎日であっただろう。

今昔を問わず、男の十六、七は不気味な年齢である。家光もそのころから変わったふるまいがしばしばみられた。元和六（一六二〇）年九月、十七歳で元服したとき、江戸では歌舞伎の風俗が流行していた。家光も衣裳や髪、化粧に凝って合わせ鏡をしたり、歌舞伎踊りに打ちこんだりして周囲をはらはらさせた。家光の傅《ふ》役（守り役）は青山忠俊、酒井忠世、土井利勝の三人だったが、かれらが若君をくどいほど諫めてようやく改まったという。

元和九（一六二三）年七月、秀忠が将軍職を譲位して大御所となり、家光が三代将軍に就任する。

顔面のあばた

寛永六（一六二九）年二月下旬、二十六歳の家光は疱瘡をわずらった。幼児のころ水痘（水ぼうそう）にかかったが、なぜか疱瘡が軽くすんだと思われたので、侍医たちの診立てが混乱した。はじめは岡道琢と久志本常諄が対症療法をおこなっていたが、大人が疱瘡にかかると意外に重くなる。家光も高熱を発して重症になった。そのうちに発疹が出て、痘瘡と診断が確定してからは主治医を武田道安、今大路延寿院、岡本啓迪院の三人に代え、かれらの合議によって投薬がおこなわれた。将軍はようやく回復したが、顔にひどいあばたがのこった。江戸時代には「麻疹は命定め、疱瘡は器量定め」と恐れられた。かわいい盛りのこどもがはしかであっけなく命を落とす。痘瘡はたとえなおっても顔にみにくいあばたがのこる。江戸町民の三人に一人はあばた面といわれたほどである。夏目漱石も鏡を覗いては鼻頭の大きなあばたにため息をついていた。家光も顔面の痘痕をさぞかし気に病んだことであろう。

このほか二十五歳で脚気《かっけ》、二十六歳のとき虫気《むしけ》（腹痛を伴う病気の総称）、二十九歳で腫れ物《フルンケル》をわずらったが、いずれも大したことなく経過した。

四十三歳の正保三（一六四六）年八月、おこり病（マラリア三日熱）にかかった。昔からマラリア三日熱はわが国に蔓延する風土病である。沼地や水たまりがいたるところにあり、こどもたちはマラリア病原体を運ぶハマダラ蚊にしょっちゅう刺された。やがてマラリアに対する免疫ができ、大人になって発病してもさほど重症になることはなかった。家光のおこり病も大事にいたることなくこの年の九月に全快している。

おこり病にやられた年の五月と二年後の慶安元（一六四八）年十一月に眼病をわずら

ったが、これも大事にいたることなく治癒した。

弟、忠長の不遇な運命

弟の国松は十五歳で元服して忠長と名のった。二十歳《はたち》のとき、駿河、遠江、甲斐、信濃の四カ国五十五万石の太守に任じられて駿河大納言と称した。しかし家光が後継者に決まってからは、うつうつとして楽しまなかった。御三家に匹敵する大々名でありながら満足せず、百万石の加増を願い出たり、参勤交代途中の大名をつかまえて駿府に逗留させたり、大坂城を欲しいと駄々をこねたりした。

だが寛永三（一六二六）年九月十五日、強力な後ろ盾だったお江与が五十四歳で亡くなると、忠長の運命は急速に傾いた。精神的に荒れた忠長は、殺生禁断の駿府西丸子山で大がかりな猿狩りを催し、かごの中から、いきなりかごかきを刺し殺すなどして非行をくり返す。そのさまはまったく狂気に類するほどである、と『徳川実紀』はおどろきをもって記している。

忠長の不行跡が目にあまるので大御所秀忠も黙視できなくなった。寛永八（一六三一）年五月、かれを改易処分にして身柄を駿府城から甲府に移した。だが翌年一月、秀忠が病没すると、もうかばう者はだれもいなくなった。忠長は寛永十年十月に上州高崎城に幽閉され、同年十二月六日、切腹を命ぜられて二十八年の短い生涯をおえた。

忠長の処分は幕臣と江戸町民に大きな不安を与えた。表向きは狂気のせいで将軍から切腹させられたことになっていたが、記録によると当時（寛永十年）家光は大病をわずらい病床にあえいでいた。病名は咳気《がいき》とされるので、咳がはげしく出る気管支炎にやられたようである。忠長は家光の大病がなおったひと月後に切腹させられたが、病床にあえぐ家光にとって重大な裁定を下すことはむずかしかったはずである。忠長にはいつでも将軍に対抗する勢力にのしあがる危険性があった。忠長の存在を危ぶんだ幕閣たちが、将軍の病気をさいわい将来の禍根を断つ絶好の機会とばかり仕組んだ処断だったかもしれない。

この事件ののち、将軍職の長子相続ルールと宗家の徳川一門に対する絶対権が確立された。幕閣とともに春日局も策謀に一役くわわったかもしれない。過去に家康の六男忠輝や次男秀康の嗣子忠直が改易される事件はあったが、二人には捨て扶持が与えられて天寿をまっとうした。忠長の場合は幕閣の冷厳な裁断によりもっとも過酷な処置がなされた。政治の力は津波や土石流のように恐ろしい。個人のはかない存在など石ころのように押し流されてかえりみられない。

三十代はじめから気うつの病い

弟を死に追いやった家光は三十代のはじめから気うつの病い（気分障害、うつ病）に悩まされた。いくら幕府安定のためとはいえ、弟を殺したことは自分の分身を抹殺するようなものだから家光にとってよほど大きなショックだったのだろう。精神のバランスを崩した家光は寛永十年から二年間ほど表御殿に出御せず中奥に引きこもっていた。寛永十四年、三十四歳のときもうつ病を思わせる症状が再発している。

権力者の病いが世間に知れるのを幕閣は極端に恐れた。しかも現代とちがってなおりにくいうつ病（気分障害）である。御三家はもちろん全国の大名たちにこの病いを知られれば、いかなる不祥事がおこるかわからない。将軍家の絶対権力を確立するために幕閣は家光の精神不安をひたかくしにした。側近たちは家光の気を引き立てようと、猿楽、能狂言、弓術、馬術、あるいは鷹狩りなどさまざまな気散じを催した。講談の「寛永三馬術」や「寛永御前試合」などはこのような史実をもとに生まれたのであろう。

江戸城本丸は表、中奥、大奥と大きく三カ所にわかれ、それぞれ渡り廊下でつながっている。表御殿は儀式など正式行事の場、中奥は将軍が暮らす生活の場で、身の回りの世話を小姓たちがおこなった。大奥は正室と側室の住居であり世子たちの養育の場でもある。家光の世継ぎ誕生を切に願った春日局は大奥を整備して一種のハーレムを築きあげた。

家光は二十歳のとき二歳年上の前関白《さきのかんぱく》鷹司《たかつかさ》信房《のぶふさ》の娘孝子《たかこ》と結婚したのだが、大奥へ足を運ぶことはまれで、もっぱら中奥で美少年を相手に男色にふけっていた。業を煮やした正室は京から連れてきた侍女たちを連れて吹上御苑に造営された中ノ丸御殿へ引っ越してしまった。困惑した春日局は懸命に家光を大奥へ引っぱりだし、寛永十四年閏三月五日、はじめて側室お振の方に長女千代姫を授かった。

それから二年後、三歳の千代姫は尾張徳川家二代目光友との縁組が決まった。三十六の春を迎えた家光は可愛い娘の婚約にうつ気も多少はれたようだ。この年の九月、幕閣は幕臣に向けて、「近年、上さまには（うつ気の）御不例のため家臣どもが御気色をおもんぱかり、なにごともお耳に入れぬ風潮があったが、今はすっかり御平快なされたので大小の事、つつみかくさず申しあげるように」と命じている。

脳卒中で片麻痺

四十代にはいると家光の体調はかなりよくなったが、時折頭痛に悩まされていた。こんなとき鍼や灸をすえてやりすごした。ふだん頭が重いとか頭痛がするとしばしば訴えたが、これは高血圧のせいではなかったかとわたしは推量する。なぜなら家光はのちに脳卒中でたおれるからである。

慶安二（一六四九）年の暮れもおしつまった十二月二十八日、家光は腹痛を覚えた。四十六歳のときである。翌日咳が出たので風邪であろうと表御殿への出御をとりやめた。明けて正月元旦の朝、まだ風邪はなおり切らず、新年の拝賀式を欠席した。七草がすぎてようやく体調は回復したが、厳寒の季節に表と中奥を結ぶ吹きさらしの渡り廊下をゆくのは病後の身にさしさわりがある。寒気をさけて表御殿への出御を控えた。

慶安四（一六五一）年の正月、家光は、新年拝賀式をおえた正月六日ごろから、気分がすぐれなくなった。体調も思わしくなく、しばしば頭痛や頭重を訴えた。『徳川実紀』には同年二月になって頭痛がひどくなり歩行障害がみられたとある。簡単な記述だが病気の内容は重大であって、このとき脳卒中にたおれ、歩行障害があらわれたことを意味する。家光は「マン・ウェルニッケの肢位」といって片方の手足が屈曲拘縮をおこす片麻痺特有の姿勢をとり、跛行《はこう》をきたしたはずである。脳卒中には脳梗塞と脳出血、クモ膜下出血などがあるが、高脂血症による脳梗塞が多い現代と異なり昔は脳出血によるものが多かった。

慶安四年の四月はじめ、歩行障害は多少よくなったようだ。四月九日には堀田正盛ら老臣たちを安心させるつもりか、家光は御座所に侍っていたかれらに歩きぶりをみせたりした。しかし四月十九日、新しく焼きあがった伊万里の茶碗皿を鑑賞しているうちに急に気分が悪くなり、翌二十日、申の刻（午後四時ごろ）にポックリと亡くなった。まだ四十八歳で、これからという年齢だった。事態の急変に側近たちは愕然とした。

一般に再発性脳卒中はきわめて予後が悪い。家光も最初は頭痛、頭重、めまいがおこり片麻痺をきたした。二度目の発作は伊万里焼を鑑賞中におこった。ともに病因は高血圧性脳内出血あるいは脳梗塞だったと思われる。家光の臨床ファイルからいえば、名君といわれた芝居や講談の虚像とちがってその一生はあまりしあわせではなかったようである。遺体は尊敬する祖父家康にあやかって日光山に葬られ、法名を大猷院と号した。

水戸光圀——天下の副将軍（一六二八〜一七〇〇）

色白で高貴な顔立ち

家光が春日局とともに頼りにしたのは従兄弟《いとこ》の水戸光圀である。光圀は寛永五（一六二八）年六月十日、水戸藩主徳川頼房《よりふさ》の三男に生まれた。母親の久子は奥殿に仕える老女の娘だったが、頼房は一目惚れして手をつけた。身分が低かったので周囲の者が反対して側室になれなかった。光圀が生まれてからも久子は側室たちのいやがらせに遭い、こどもは家臣三木仁兵衛の家で育てられた。六歳のとき世子に決定し、江戸の水戸藩邸に移った。九歳で元服、このとき三代将軍家光から一字を与えられ、光国（のち光圀）と名のった。

光圀は十八歳で『史記』の伯夷伝をよんで発奮するまで世子としてふさわしくない言

色白で鼻筋通った高貴な顔立ちの水戸光圀（水府明徳会）

動が多かった。兄頼重《よりしげ》（高松藩主）をさしおいて世子に選ばれたことが心の負担になったのだといわれる。色白で鼻筋の通った高貴な顔立ちをしていて背も高かったから、さぞかし御殿女中に騒がれたであろう。

光圀が結婚したのは前関白《さきのかんぱく》近衛信尋《このえのぶひろ》の娘尋子《ちかこ》で、第百七代後陽成《ごようぜい》天皇の孫姫に当たる。生母の身分で苦労した父頼房が光圀のためにとびきり高貴な女性を正室に迎えたものと思われる。寛文元（一六六一）年、父が亡くなり、光圀は三十四歳で二代藩主についた。

大酒飲みで食道楽

光圀は若いころから侍医たちが呆れるほどの大酒飲みで、しかも賑やかな酒宴を好んだ。食道楽でもあり、明の亡命学者朱舜水《しゅしゅんすい》から唐風ラーメンやニンニク餃子、牛肉のニラ炒めなど中国料理を教えられ、その珍味を堪能した。

元禄四（一六九一）年正月、六十四歳を迎えた光圀は水戸の北郊に隠退する。隠居所の西山荘には二十数人の家臣が住んで光圀の世話をした。鈴木宗与《そうよ》、井上玄桐《げんとう》という二人の側医が交代で隠居所に詰めた。隠棲してからも晩酌を欠かさず、酒飲み仲間を大勢集めて音曲を奏《かな》で酒宴を張った。那珂川《なかがわ》の河口にも別荘があり、四季折々に訪れては酒を楽しんだ。

元禄六年、光圀が六十六歳のとき、寵臣の藤井紋太夫を能舞台の楽屋で刺し殺した。理由はよくわからないが、一時的な酒乱のあげくではなかったかといわれる。同じ年、光圀は側医の宗与に命じて『救民妙薬』という書物を刊行させた。茨城県医師会の石島弘博士が日本医師会編『医界風土記』に著した記述によると、光圀はその本の序文に「山野、貧賤の地には医もなく薬もなく、下民病んで臥する時は自ら治するを待ち、治せざる者或いは死し、或いは廃人となる。是れ非命なり」と述べ、病いに悩む庶民のために内科、小児科、眼科、皮膚科、泌尿器科、産婦人科、歯科など全科にわたる三百九十七の処方を公開して藩内に無料で配布させた。この書には無病延命の術、卒死を救う法、育児法、食中毒の予防法など庶民の日常に役立つ記事が満載され、いわば今日の家庭の医学書に相当する。このような本はのちに貝原益軒の『養生訓』が発刊されるまでみあたらなかったから、水戸藩内で評判を呼び、版を重ねて幕末まで活用された。古希に近いにもかかわらず、同じ年に一方で寵臣を殺《あや》め、他方で救民に身を入れる光圀の振幅のはげしい性格には目をみはる思いがする。こんな光圀だから、もしもテレビドラマ『水戸黄門』の撮影現場を通りかかったら、「オマエハ何者ダ」といきなり黄門役の俳優を刺し殺したかもしれない。

飲酒を誘因とする食道がん

光圀が七十二歳の老境にはいった元禄十二（一六九九）年十一月ごろより食欲不振が目立つようになった。好きな酒もまずくなり酒量はとみに減った。それまでも持病の痔疾と右腕の痛みがあったが、これにくわえて全身がやせてきた。翌年五月になると嘔吐をくり返し、痞《ひ》の症状がはっきりした。自分でも不治の病いをわずらったと感じたようである。痞というのは食物がつかえることで、のどや食道の狭窄症状をいう。宗与と玄桐が代わる代わる薬を調合したが、光圀の気分はすぐれず、病状はじわじわ悪化した。

日ごろ光圀は僧侶の日乗上人と親しんでいたが、上人の日記には「元禄十三年五月四日、西山の隠居所にて老公といっしょに食事をしたが箸はすすまなかった。気分はよさそうにみえたが実のところ尋常ではなかった。老公はしばらくうたたねをしたあと、ホトトギスの声を耳にして目覚めた。そのとき、『ホトトギス なれもひとりは寂しきに われをも誘え 死出の山路に』と辞世のような一首を詠まれ、あたかも死期を悟ったごとくに思われた」と書かれている。

光圀の病気を耳にした将軍綱吉は元禄十三年五月十九日、奥医師の奥山玄建《げんけん》（立庵ともいう）を西山荘まで往診させた。この時分はまだ元気があり、病人が小康状態を保っているのをみとどけた医師は六月十二日に江戸へ帰った。だが秋になっても病気ははかばかしくない。十月、綱吉は水戸に使者を送って光圀の容態をたずねさせた。『桃源遺事《とうげんいじ》』によると江戸から見舞いの使者がくるときいた光圀は隠居所を出て水戸城まで出迎えた。台命の使を送迎するのにかごでは畏れ多いと西山から水戸城まで五里半の道程を騎乗していった。杖にすがってようやく城中にたどりついたが、家来に脇を支えられるのをいやがり、台使へも従来通りに対応した。重病で疲労困憊しているはずなのに人前では決して弱音を吐かない頑固爺さんだった。その後も光圀は台使が見舞いにくるたびに騎乗

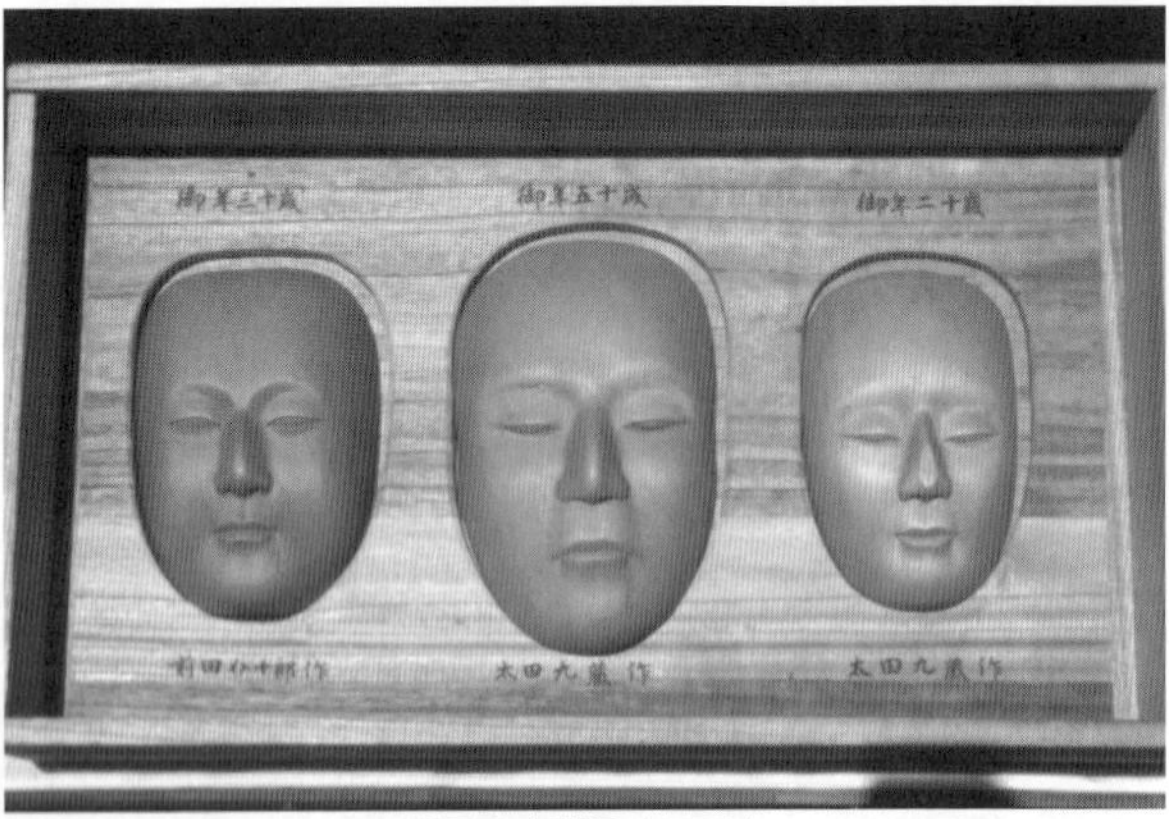

光圀の木彫面（久昌寺）

して出迎えた。十二月二日からようやく病室に横たわったが、儒学に傾倒していた光圀は決して女性の看護人を病室に入れなかった。大相撲の土俵とよく似ている。嗣子の綱条《つなえだ》が光圀につききりで看病に当たった。

十二月三日の夜十時すぎ、夜具の上に正座した光圀は家臣のすすめる白湯を二口ほど啜った。飲みおえて家臣が懐紙を渡すと口をぬぐった。その後は徐々に呼吸が浅くなり、十二月六日の黎明、この世を去った。享年七十三である。

光圀をたおした病気は、飲酒を誘因とする消化器がん、中でも食道がんがもっともうたがわしい。食道がんは中年以降の男性に多く、徐々に進行する食欲不振とやせ、それに食道狭窄症状がみられる。一般に食道がんの患者さんは嚥下痛や胸やけ、胸部不快感、頸部や肩甲部への放散痛、あるいは体重減少などを訴える。光圀にもこれらの症状があっただろうが、なにしろ頑固老人だからじっと我慢したようだ。

光圀は六十すぎても浴びるほど酒を飲んだ。長年の飲酒に食道粘膜が酒毒に侵され、がんを発症したのではなかろうか。わたしの友人知人にも毎晩のように一升酒をあおり、ウイスキーボトル一、二本を空ける酒豪が何人かいたが、いずれも四、五十代で消化器がんにたおれ、惜しまれて逝った。それでもひとりとして酒毒にやられたと後悔する者はいなかった。みんな「酒こそわが命」の人生を謳歌してこの世を去っていった。

家綱——四代将軍（一六四一〜一六八〇）

虚弱体質のため二十人近い小児科医

のちに四代将軍となる家綱は寛永十八（一六四一）年八月三日巳の刻（午前十時ごろ）、大奥に生まれた。春日局をはじめ多くの幕臣が待ちに待った長男の誕生である。家光三十八歳のときだった。

家光は女性に関して一風変わった趣味があった。家綱の生母お楽の方は本名をおらんといい、父は下野国都賀郡高島村の農民だった。江戸へ出て旗本屋敷に奉公した父は禁猟の鶴を売りさばいて死罪にされたが、娘のおらんは運よく春日局の目にとまり、大奥で部屋子として仕えた。言伝えによれば、おらんの唄う田舎の麦つき唄がとても面白い、と家光の気に入り側室となった。家綱が誕生したときのいきさつも変わっている。はじめて男の子が生まれたときいて家光は狂喜した。われを忘れておらんの産室にとびこんだ。とびこまれたおらんは仰天して頭に血がのぼり、それ以後、産後の肥立ちが悪かったと伝えられる。

家綱は丈夫な子ではなかった。生後二カ月の十月十三日から五日間、原因不明の病気でぐったりしていた。十一月半ばにも同様の症状がみられた。同月下旬には頭瘡《とうそう》ができた。いわゆる滲出性体質のため頭頂部に化膿性の吹き出物《フルンケル》を生じたのである。諸藩から名のある外科医を集めて治療させたが、なかなかなおらない。生後四カ月をすぎても頭瘡は治癒せず、江戸城に出仕した諸大名が家綱の病状を心配してたびたび病気見舞いに訪れている。十二月十五日、頭のできものから膿汁が吹き出し、ようやく頭瘡はおさまった。

母親のおらんは産後お楽の方と改称したが、体調はかんばしくなく、慶安五（一六五二）年五月、群馬県榛名山の伊香保温泉で療養したものの、同年十二月、三十二歳で病没した。

家綱は病弱だったから大奥で大事に育てられた。それでもしょっちゅう風邪を引いた。正保三（一六四六）年四月、六歳のとき霍乱《かくらん》（夏風邪、暑気当たり）にやられた。このときは軽症でおさまったようだが、虚弱体質の息子のために家光は二十人近い小児科医を登用している。鍼や灸をおこなえば少しは体質改善もみられようかと鍼灸師が召されたが、思うような効果は得られなかった。

周産期障害による発達障害

父の家光が脳卒中で突然他界したから、家綱はわずか十一歳で四代将軍に就任した。前代までの将軍たちはすべて京にのぼって将軍襲封式にのぞんだが、家綱だけは病弱を理由に上洛しなかった。家綱はふだん中奥の御座所に引っこみ、めったに表御殿や大奥へ渡ることはなかった。ときに能狂言や猿楽などを楽しむことはあったが、たいていは小姓たちに囲まれてひっそりとすごした。性格は温順で、人のいうことは素直にきいた。だが、政務を遂行する能力に欠けていて、在任中すべての任務は幕閣まかせになった。わたしは家綱が周産期障害によって一種の発達障害をおこしたのではないかと推測する。ことに後遺症として軽度の知的障害があったものと考える。福祉制度の発達した現代ならば、たとえ知的障害があっても障害の程度と能力に応じてさまざまな療育プログラムが組まれる。必要ならば医療がうけられ、その子にふさわしい教育をうけることができる。学校を卒業してからも授産所や職業訓練校で療育支援活動がおこなわれる。だが昔はまったくそのような療育の場はなかった。ただし家綱は馬が好きで『徳川実紀』にも乗馬の記録がしばしば出てくる。これは近年わが国でもはじまった自閉症児の乗馬療法の先駆に相当するかもしれない。

家綱の時代、徳川家の基盤はまだしかと固まっていなかった。秀忠が強行した諸藩のリストラにより浪人どもが天下を横行し、由比正雪の乱がおこったりした。だが保科正之や酒井忠勝ら老練の重臣が家綱を守り、難局をのり切った。かれらの采配がなければ家綱は三十年もの長きにわたって将軍の座にいられなかっただろう。しかし肝心のつとめである子づくりに関しては精力に乏しく、世継ぎをもうけることはできなかった。

延宝八（一六八〇）年四月下旬、家綱は江戸城内で魚釣りを楽しんだ。このときまで比較的元気だったが、五月一日、気分不快を訴えた。同月五日、病いのため朝会を欠席した。翌六日、未の刻（午後二時ごろ）より病状は深刻な状態になった。『徳川実紀』では痞《つか》えが強かったとあるから、嚥下障害でもおこしたようだ。深夜におよんで御三家や老臣たちが見舞いに訪れたところ、痞えの症状はややややわらいでいたという。

五月七日、将軍は小康状態を保ち、食事もわずかながら口にした。しかし翌八日には危篤状態におちいり、侍医団総力あげての療治にもかかわらず、酉の刻（午後六時ごろ）、四十歳をもって冥界入りした。遺体は上野の寛永寺に葬られ、厳有院と号した。死因はよくわからないが、発病して数日以内に卒去していることから、心筋梗塞や特発性心筋症による急性心不全、急性肺炎、イレウス（腸閉塞）などの急性疾患が考えられる。

宗家に途絶えた家康直系の血

家綱の病死によって宗家には家康直系の血は絶え、後継者選びは閣老たちの手にゆだねられた。当時、幕閣には「下馬将軍」とあだ名された大老の酒井忠清が権勢をふるっていた。屋敷が大手門の下馬札の近くにあったから、そんな異名がつけられた。家綱が重態におちいっている間、忠清は後継者について思案をめぐらした。候補者は二人いた。家光の四男綱吉と、宮家の有栖川宮幸仁親王《ありすがわのみやゆきひとしんのう》である。忠清の意中の人は幸仁親王だった。家光の血をうけたとはいえ綱吉はとかくの噂がある。評判の悪い綱吉よりも、品格ともにすぐれた親王のほうが将軍にふさわしいと閣老たちに呼びかけた。忠清の勢威を恐れる幕閣たちはかれの案に賛意を表したが、老中の堀田正俊だけが反対した。正俊は家光に殉死した堀田正盛の三男であり、かつては春日局の養子でもあった。

「将軍家には家光公の血をうけた弟君綱吉公がおられる。なにゆえ綱吉公をさしおいて親王を迎えるのか。宮家を将軍にするのは武家の伝統に反し、筋ちがいというものである」。正俊は家康の血の正統性を論じて綱吉を後継者にすべきだと強く主張した。

衆議は次第にこの論に傾き、最終的に親王案はしりぞけられた。そして問題の館林宰相徳川綱吉が五代将軍として登場する。

綱　吉——五代将軍（一六四六〜一七〇九）

母にべったりの上州館林城主

元禄の世はマグニチュード八・二の大地震に揺れ、天空にはほうき星が乱舞して人々をおどろかせた。側用人から取り立てられて大老格まで出世した柳沢吉保《よしやす》をはじめ、学者・政治家の新井白石、赤穂浪士の大石内蔵助、俳諧の松尾芭蕉、ベストセラー作家の井原西鶴、浮世絵師の菱川師宣《もろのぶ》、浄瑠璃・歌舞伎脚本家の近松門左衛門、大尽遊びで鳴らした豪商紀伊国屋文左衛門、歌舞伎役者の市川団十郎、『養生訓』で有名な貝原益軒、といった多彩な人物が輩出し、百花咲き乱れる絢爛たる時代だった。その頂点に立ったのが家光の四男綱吉である。

綱吉の生母は京都堀川の八百屋仁左衛門の次女光子といい、通称をお玉といった。お玉が少女のころ父が亡くなり、母は娘二人を連れて奉公に出た。奉公先は関白二条光平の家司である本庄太郎兵衛宗利の家である。母は飯炊き女としてはたらいているうちに宗利の手がつき、かれの後妻におさまった。

お玉は十三歳のとき、義父の伝手《つて》を頼って六条有純の娘お梅の部屋子にやとわれた。お梅が家光の側室として大奥入りするとお玉も江戸にゆき、十八歳のとき家光の目にとまり寵をうけた。正保二（一六四五）年、家光の三男亀松を生み、翌年一月八日卯の刻（午前六時ごろ）に四男徳松を生んだ。亀松が三歳で夭折したこともあり、お玉は徳松を溺愛する。

慶安四（一六五一）年、徳松が六歳のとき家光が亡くなり、お玉は落飾して桂昌院と称した。家光の長男家綱が後継者として四代将軍を継ぎ、三男の亀松は早世、次男の綱《つな》重《しげ》は甲府二十五万石の城主となる。四男の徳松は名を綱吉と改め十五歳で上州館林十五万石の城主となった。のちに桂昌院の口添えで十万石を加増され、次男の綱重と同じ二十五万石を与えられた。綱吉は江戸神田橋の館林御殿で桂昌院と母子べったりの暮らしをつづける。のちに関白鷹司房輔《ふさすけ》の娘信子が綱吉の正室に迎えられたが、信子は桂昌院の過保護ママぶりに目をみはったにちがいない。

強度のマザコンだった綱吉（徳川美術館）

家綱が亡くなると綱吉は四男でありながら宗家を継ぐという幸運にめぐまれ、五代将軍として本丸入りする。桂昌院も江戸城三の丸に移り住み、三の丸殿と呼ばれてうやまわれた。

祈禱僧に吹き込まれた『生類憐みの令』

将軍に就任した綱吉はそれまで幕政の実権をにぎっていた酒井大老をただちに罷免した。次期将軍に有栖川宮を推挙したリベンジである。代わりに自分を将軍に推した堀田正俊を大老に抜擢する。

綱吉の治世初期は堀田大老の庇護のもとに安泰だった。だがまじめ一方で融通のきかぬ堀田は物事を厳格に律しすぎた。そのため陰に陽に閣老たちの恨みを買い、貞享元（一六八四）年、江戸城表御殿で若年寄の稲葉正休に殺害された。

堀田大老という頭上の重しがとれて綱吉はすっかり気が楽になった。やがて閣老たちを煙たがるようになり、昔からの能仲間である牧野成貞、柳沢吉保といった寵臣たちを周囲に集めて政務をとった。閣老たちをさしおいて吉保ら側用人が幅をきかせ、これに桂昌院の意向がくわわり、幕政はゆがみだした。

信仰心の厚い桂昌院は江戸市中に大きな神社仏閣を建てさせた。神田橋の護持院はそのひとつであり、祈禱僧の隆光が桂昌院の帰依を得て護持院大僧正に任じられ、関東真言宗の大本山として勢威を示した。

隆光は世継ぎが生まれる霊力のあるところをみせねばならない。だが、いくら祈禱をくり返しても側室たちに懐妊の徴《しるし》がみられない。窮余の末、桂昌院と綱吉に吹きこんだのが『生類憐みの令』の発令である。

『憐みの令』そのものは「君主の仁慈は鳥獣にまでおよぶ」という儒教の理想を実現しようとしたもので、そこに内在する自然を尊重し動物を愛護する思想は現代人にとってもかえりみる価値はありそうだ。だが綱吉の顔色ばかりうかがう役人たちは、法の精神を理解せず運用方法をゆがめた。町民たちは犬や猫に石を投げただけで牢屋に放りこまれ、ときには島流しの憂き目に遭った。庶民は悪法を憎み、綱吉を「犬公方《いぬくぼう》」とののしった。

綱吉のマザコン

綱吉には物事に執着する性癖があり、とりわけ儒学や能への熱中ぶりがそれをあらわした。後世、偏執狂《パラノイア》ではなかったかといわれ、東京帝大内科入沢達吉《いりさわたつきち》教授は国家医学会雑誌（第百八十九号）に『徳川綱吉の精神状態に就いて』という論文を寄せ、綱吉は変質者であり、いわゆる憐獣狂と称するものの好適例と診断を下し、一種の精神病者であったと決めつけている。家臣にとっても腫れ物にさわるような気むずかしい将軍だった。吉保だけがこの特異な人物を手なずける術《すべ》を心得ており、老中上座（大老格）にまで取り立てられた。

儒学に熱中した綱吉は幕臣たちに対してたびたび講義をおこなった。『隆光僧正日記』によると、綱吉は在職中に二百回余の講義をおこなったという。落語の大家の義太夫ではないが、受講者たちはその間、嫌でも平伏して拝聴しなければならない。綱吉は講義をすることで優越感を味わったかもしれないが、聴くほうはたび重なる講義に内心うんざりしていたのではなかろうか。

綱吉は能に対しても異常な執着心をみせた。みずから能面をかぶり、能衣裳を着て舞台に立った。それも毎月のように興行するほど熱を入れた。ちなみに元禄五（一六九二）年と六年に催した能興行は合計四十数回に達し、将軍家が登用した能楽師は二十六人におよんだとの記録がある。

綱吉は生母桂昌院がこのうえなく好きだった。将軍職についてからも綱吉と桂昌院の間柄は母子べったりのままであり、母の体調が悪いときけば三の丸まで出かけて母の肩をもんだ。みずから生母の世話をした将軍は綱吉のほかにいない。第三者からみれば称賛に値する行為であろうが問題の根は深かった。

綱吉にとって母はうとましい存在でもあった。なぜなら出身が京の八百屋さんだったからである。現在ならばなんでもないことだが、身分制度のうるさい時代に商家出身の生母をもったことが綱吉の劣等感をかきたてた。たぶん綱吉はこうしたことに敏感なたちだったのであろう。ちなみに八代将軍の母は農家の娘だったが、吉宗《よしむね》がこれを苦にしたという話をきいたことがない。綱吉の深層心理を探れば、母を愛してやまないが、商家出身の母は嫌い、嫌いだけれども母は大好き、というマザー・コンプレックスにとりつかれていた。上司の腹の内を察することにかけては天才的ともいえる吉保は綱吉のマザコンを敏感によみとった。朝廷に多額の寄付金を提供して、桂昌院に高位の位階を授けるようなんどもはたらきかけた。しかも従一位という生前女性には前代未聞の高い位を望んだので、そのような前例はないと朝廷側はかなりしぶっていた。

しかし、元禄初年から勅使として毎年のように江戸城に参向していた前大納言の柳原資廉《すけかど》を通じて交渉が進み、元禄十四（一七〇一）年三月十一日、恒例のあいさつに参向した勅使の柳原資廉と高野前中納言保春《やすはる》、院使の清閑寺前大納言熙定《ひろさだ》との間で、来春には桂昌院に最高の位階を授けようとの話が煮つまった。

そのめでたい約束がまとまり、三月十四日、将軍と勅使・院使との引見儀式がはじまろうとした直前、浅野内匠頭が吉良上野介に斬りつけ、殿中を血の汚れで踏みにじった。かっとなった綱吉は一切取調べをおこなうことなく、即刻内匠頭を切腹に処した。恥辱をうけた赤穂浪士は復讐に燃えて上野介を血祭りにあげた。

もし綱吉が健常な精神の持主だったら、むりやり母に位階を授ける工作などさせなかっただろう。浅野の刃傷事件がおこった際も十分に吟味を重ねたうえで処分を決めたであろう。ちなみに殿中でわけのわからぬことを叫びながら刃物を振り回した浅野の状態は、現代医学でいう統合失調症（旧精神分裂病）にみられる被害妄想の症状とよく似ている。そうとわかれば大石内蔵助も矛先をむげに上野介に向けはしなかっただろう。いわゆる忠臣蔵の遠因は綱吉のマザー・コンプレックスにあったのだとわたしは考える。大石内蔵助が好々爺の上野介を殺害したのは大いなる誤りだった。リベンジの刃《やいば》はマザコンのかたまり将軍綱吉の胸に向けられるべきだったとわたしは確信する。

なお桂昌院は浅野が刃傷沙汰をおこした翌年の三月、従一位を授けられ一位殿と呼ばれて綱吉ともども上機嫌だった。

内分泌異常の低身長症

プロローグで述べたように将軍が亡くなるとその場で遺体の身長を計り、これと同じ長さの位牌をつくって三河の大樹寺まで運んだ。大樹寺に展示された歴代将軍の位牌の中できわだつのは綱吉のそれが低いことである。わずか百二十四センチしかない。綱吉は犬公方と呼ばれて人々を苦しめたから、亡くなったとたん、計測係がこのときとばかり身長を好い加減に計ったのかとわたしは勘ぐった。だが位牌は幕府が公式に製作して

三河まで運ぶものであって、そんな非礼はできるはずもない。父家光の身長は位牌によ
ると百五十七センチ、母桂昌院のそれは遺体の実測値で百四十六・八センチである。江
戸時代の男女としては標準的寸法である。その両親から生まれた綱吉の背丈が小学二年
生ぐらいしかないのは低身長症と断じてもよいだろう。
低身長症の原因には内分泌異常、骨系統疾患、栄養不足、愛情遮断性小人症などさまざまなものがある。綱吉の肖像画をみると均整のとれたからだつきをしており、特別な症状はみとめられない。したがって特発性（原因のはっきりしないとき医者はこういう便利な用語を使う）あるいは生長ホルモン分泌異常による低身長症と思われる。将軍が極端に小柄であれば、いかにも威厳が足りず、綱吉にとって大きなコンプレックスになっただろう。

このコンプレックスをはらすため綱吉はみずから舞台に立って能を演じ、二百回におよぶ儒学の講義をしたのではなかろうか。からだは小さくとも余はこれだけのことができるのじゃ、と胸をはる精一杯のパフォーマンスだったと思えてならない。

はしかであっけない最期

綱吉は生来健康で軽い風邪を引いたほかにとくに重大な病気にかかった既往症はみられない。ただし時折、頭痛や関節のふしぶしに痛みがあった。

この時代、庶民のあいだに鍼灸やあんまがゆきわたっていたが、綱吉も鍼やもみ療治を好み、ときどき鍼医やあんま師を城中に呼び寄せては体調をととのえた。鍼は千年以上前に中国から伝わり、鍼医は長らく中国流の太く長い針を使っていた。けれども綱吉の時代から、わが国独白の細くしなやかな針が用いられるようになった。この繊細な針を考案したのは伊勢国の杉山和一《わいち》である。生来目が不自由だった和一は江戸へ出て鍼術をまなんだ。鼻っ柱が強く師匠と大げんかをして門を追われたが、発奮した和一は独自に工夫をこらし、自分の思い通りのツボへ鍼を打ちこめる管鍼術《かんしんじゅつ》を考案した。管を用いるかれの独創により、衰退気味だった鍼術はふたたび盛り返した。和一は江戸城にたびたび招かれ、綱吉の頭痛や関節痛をなおした。

晩年の綱吉は実子誕生をあきらめ、宝永元（一七〇四）年、兄綱重の子綱豊《つなとよ》（のちの六代将軍家宣）を養子にした。その翌年の六月二十二日、桂昌院が七十九歳の天寿をまっとうして没した。

甥を継嗣に定めてから綱吉の機嫌はとみに悪くなった。このころの綱吉の容子を『徳川実紀』は「御老後には忌諱《きい》の御僻《へき》あり。老臣らも常にまみえ奉る事を得ず。昵懇《じっこん》の輩も、ややもすれば御気色に違《たが》い、御勘当《かんどう》こうむる事なりし」と伝える。嫌いな甥を養子にせざるを得なかった老後の綱吉が不機嫌でいらつくさまがよくあらわれている。

宝永五（一七〇八）年の冬、江戸市中にはしかが大流行した。暮れになると江戸城にも蔓延して西丸の家宣が罹患した。つづいて本丸の綱吉がこれをわずらった。

はしかにかかった綱吉の最期はまことにあっけない。その臨床経過は『徳川実紀』『隆光僧正日記』『松蔭《まつかげ》日記』などに詳述されている。

宝永五年十二月二十五日、歳暮の祝いとあって隆光ら多くの側近が召し出され祝宴がおこなわれた。現今の忘年会のようなものである。このとき六十三歳の綱吉は機嫌よく、みずから能を舞ったり俗謡を唄ったりした。

翌二十六日、少々風邪気味だといいだし、侍医頭の久志本常治が診療にうかがおうとしたところ、なぜか機嫌を損じて脈をとらせてもらえなかった。代わって侍医の曲直瀬《まなせ》正珍《しょうちん》と河野《こうの》通房《みちふさ》が薬を調合した。日ごろ綱吉は方書（医書）をひろげて生かじりの治方を心得ていたから、侍医たちは十分な治術を施すことができず困惑していた。下手に口をはさめばひどく機嫌を損ねるので、侍医たちもだまっている。当人はますますひとりよがりになった。このときもうろ覚えの医療知識をふりかざし、勝手に自己流の薬をつくらせて侍医たちを困らせた。なお綱吉のころはまだはっきりした侍医制度はなく、奥医師、表医師、寄合医師、御目見医師といった侍医の身分制度が確立するのは六代将軍のときからである。

暮れの二十八日になると綱吉は体調が悪く定例の朝会を欠席した。将軍の疲労感が増しているようにみうけた侍医たちは、「人参をこころみては」と申し出たが、「人参は余の体質にあわぬ」と拒絶された。

大晦日、隆光が休息所で対面したとき綱吉の顔色はすぐれなかった。容態をたずねると「粥を少々食べたが味噌汁は飲まず、頭痛がして咳も出た」という。「余のはしかが軽くてすむよう念を入れて祈禱をいたせ」と頼まれて隆光は下がった。このときまで将軍の病いが重くなっているとはだれも気づかなかった。

明けて宝永六年正月元旦、綱吉は病床にあった。新年の儀式は家宣が表御殿に出御して諸大名の拝賀をうけた。二日の夜に発熱があったが、綱吉の機嫌はよかった。三日の朝からはしかの発疹が出はじめた。同日の正月儀式では老中が並みいる群臣に向かい

る。「上さまには麻疹悩ませ給えども御軽病であるゆえ安心いたすように」と申し伝えてい

四日正午、隆光は休息所で綱吉に対面して加持祈禱をおこない、そのあと茶菓子を頂戴した。このときも格別異常はみられなかった。

五日正午、隆光は昨日と同じように祈禱をおこなった。綱吉は食欲がなく吐き気もあり、食事が痞《つか》えて具合が悪いとこぼした。その日は梨とぶどうを少々食べた。

六日は新年の賀儀により大勢の僧侶が綱吉の前にまかり出た。綱吉は袖を捲って「余の発疹はこんな具合じゃ」と僧侶たちに肌をみせた。翌七日ははしかにくわえて風邪症状があり、咳と痞えにより食はすすまなかった。

八日の朝は気分よく朝食をとり、味噌汁も少し飲んだ。ただし風邪症状はのこり、両脇と腰の筋が張ってときどき咳が出た。加持祈禱をおえて僧侶一同の前にまみえた綱吉は「明日は酒湯《ささゆ》の式をする」と宣言した。酒湯は笹湯ともいい、巫女が笹束を手草にして熱湯にひたし、神がかりの状態になって身を叩く儀式である。神代の昔から災厄がおこると神慮をなぐさめる行事としておこなわれた。江戸時代にははしかや疱瘡が全快したとき周囲にこれを知らせる快気祝いの式となった。笹を酒と温湯にひたして発疹の跡

を軽く叩く。それから米のとぎ汁を湯に溶かしてそこに御神酒を注ぎ、行水をおこなう。綱吉の場合、まだかさぶたが乾き切っていないので、いま行水をすると疹毒が内にこもる恐れがあり、もう少し容子をみたほうがよい、と侍医たちは考えたようだ。だが、いい出したらきかぬ綱吉に異を唱えればいかなる勘気をこうむるかわからない。酒湯を止め立てする勇気のある侍医はいなかった。

翌九日、ここ三日間快晴がつづき、将軍の快気祝いとあって城中は賑わしい。酒湯の儀式をおえた綱吉は機嫌もよく、腰筋の張りがうすらいで食欲もあった。ただし咳だけはつづいていた。平癒祈禱の褒美として僧侶たちにそれぞれ時服三着と白銀百枚が与えられた。吉保も安心して御用人部屋にもどった。

十日の早暁、綱吉は粥を二十口ほど啜った。さらに卯の上刻（午前五時ごろ）、正月の餅を十五匁（約五十六グラム）食した。そのあとにわかに便意と腹痛を覚え、厠《かわや》へ立った。下痢気味の用便がおわり厠の外へ出たのだが、衣服を改めているうちに意識がもうろうとしてきた。このとき厠の外に侍っていたのは松平輝貞《てるさだ》である。おどろいた輝貞は近臣たちに綱吉の急変を伝えた。真っ先に駆けつけた黒田直邦《なおくに》が綱吉を背後から抱きかかえ、あとから走ってきた側室の五の丸と北の丸がおろおろしながら綱吉の両手両脇を支えた。近臣たちも「御医師《おんくすし》を呼べ」とあわただしく叫んだ。病室へもどる途中、綱吉はわずかに意識があったらしく廊下の奥から馳せ参じる吉保に向かってなにやらつぶやいた。だが、それきりぐったりして病室に運ばれた。息せき切って枕元に駆けつけた侍医たちは、ただちに引きおこし薬を飲ませたが口中にはいらない。侍医頭は和紙を薬にひたして唇に当てた。すでに呼吸は停止し、口唇は紫色に変じている。直邦が「御脈はいかがか」ときくと侍医頭はかぶりをふり「もはや絶え候」とうなだれた。一同愕然として声も出なかった。

隆光はその日記に「上さまは今朝御食を召しあがられ、ご機嫌もよかったのだが、突然、御痞《おつか》えの症状が出て、食べた物をのどに詰まらせてはかなくなった」と記している。このような経過から綱吉は用便の最中力んで食物塊をもどし、これが気道を塞いで窒息死したうたがいが濃厚である。

昔から「大人のはしかは恐い」という。たしかに、はしかのようなウイルス性疾患が老人に発症した場合、熱は大したことがなくてもレントゲン写真を撮ると肺野が真っ白だったというケースがよくある。はしかウイルスに感染したあと肺炎や脳炎を合併するのはウイルスと戦うためリンパ球が総動員され、発病早期からリンパ球が激減するからである。最近の研究によると、感染して十日から二週間ぐらい経って発疹などの症状が出はじめたころ、体内のリンパ球は正常値の二十パーセント以下に落ちこむとの報告がある。さいわいこどもは二週間ぐらいで正常値にもどるが、大人は回復するのに三、四カ月から半年ぐらいかかる。とくにワクチン接種歴のない大人は免疫不全状態が長期間つづくので厄介である。

高齢者だった綱吉もはしかの養生中、体内の防衛システムはきわめて劣弱な状態にあり、みかけよりもからだはかなり衰弱していたようだ。咳もしつこくつづいていたから気管支炎などもあり、からだの防御反応が一時的に低下して、食物をのどに詰まらせたとき吐き出すことができないほど重症化していた。

一般に正月はお年寄りが餅をのどに詰まらせる季節でもある。高齢者は窒息してもさして苦しがらず、だまってしまう。救急車で病院に運びこまれてもすでに絶命しているケースがあとを絶たない。病院に到着するまでの数分から十数分が勝負である。家で窒息だとわかったらすぐうつむけにして背中を叩いて餅を吐かせる。ハイムリック法といって背中から両手を回してみぞおちにこぶしを当て横隔膜のあたりをグイッと手前におしつける方法がよい。肺の残気で圧をくわえて餅を吐き出させるのである。側近の黒田直邦もせっかく綱吉を後ろから抱きかかえたのだから、ハイムリック法によりこぶしを下腹部に当て、空気の圧力で吐き出させれば御手柄だった。綱吉の享年は六十四。法名を常憲院と号し、上野の寛永寺に葬られた。綱吉の薨去を知った幕臣や町民たちは「やれやれ、これで犬や猫に気を使わなくてすむぞ」とさぞかしほっとしたにちがいない。

家　宣——六代将軍（一六六二～一七一二）

先代と異なり人柄のよい将軍

綱吉の兄で甲府二十五万石の藩主徳川綱重には長子綱豊がいた。綱重は家光の次男で四代家綱の弟である。綱重が健在ならば五代将軍の座についたかもしれないが、延宝六（一六七八）年、三十五歳で病没した。

綱豊の生母はおほらという酌女だった。綱重の酒席で酌をしているうちにお情けをうけ、寛文二（一六六二）年四月二十五日未の刻（午後二時ごろ）、谷中の御殿で男子を生んだ。虎松と名付けられたこの子がのちの綱豊である。綱吉は自分と同様、身分の低い母親から生まれた綱豊を嫌っていたが、晩年やむなく養子に迎え、家宣と名のらせた。

綱吉が死去した宝永六（一七〇九）年、家宣は四十八歳で六代将軍に就任する。さっそく先代の側用人柳沢吉保をしりぞけ、あらたに新井白石を登用して政治の刷新をはかった。長期政権は人心が倦《う》む。綱吉から家宣へと政権交代があってよかった。綱吉は自分の亡きあとも『生類憐みの令』を守るよう、側近たちに強くいいきかせていたのだが、新将軍は綱吉の葬儀の二日前に『憐みの令』を廃止すると宣言した。このとき罪を許された江戸町人は八千数百人にのぼったといわれる。

家宣が将軍に就任して三年を数えた。この間、取り立てていうほどの失政もなく、まことにおだやかにすぎたので、のちに「正徳の治」と呼ばれる。先代と異なり人柄のよい将軍だったおかげであろう。

猛威をふるったインフルエンザ

正徳二(一七一二)年、江戸で感冒が流行した。いまでいうインフルエンザである。家宣はこの年の九月十四日、風邪気味だったので朝から御座所で安静にしていた。十七日も風邪心地だったが床に臥せるほどひどくはなかった。九月二十三日、まだ風邪はおらず、この日から病床に臥した。現在のこよみでいえば十月下旬であり、秋も深まりつつあるよい気候なのだが、将軍の感冒は本格的に悪化した。二十五日、寄合医師の中から吉田宗恬《そうてん》、渋江直治《なおはる》、数原宗達《そうたつ》の三人を召し出し、診療に当たらせた。

病状はよくなったり悪くなったりしてぐずぐずしていたが、十月になると目にみえて重篤になった。側近たちは根津権現に参詣して将軍の病気平癒を祈願した。だが家宣はついに肺炎をおこした。病いは膏肓《こうこう》に入り、再起不能と悟った家宣は十月九日に側近たちを呼んで遺言をした。同月十三日には全身の疲労感が強まる。側近たちは手分けして鶴岡八幡宮、鹿島大明神、駿河浅間神社など霊験あらたかな諸社へ病魔退散の祈願に走ったが、夜になっていよいよ臨終が迫った。正徳二年十月十四日の丑の刻（午前二時ごろ）、命の灯が消えた。享年五十一。法名は文昭院、芝の増上寺に葬られた。

インフルエンザは江戸時代、しばしば猛威をふるった。当時の医師たちは流行性感冒といわず時気感冒、天行感冒などと称した。庶民たちも風邪《ふうじゃ》、風疫、風疾、疫邪などとさまざまな呼び名をつけている。

十八世紀から十九世紀前半にかけてわが国は大寒波に襲われ、人々は異常気象のゆさぶりに翻弄された。凶作による飢饉とインフルエンザの大流行が猛威をふるった。『日本医学史』や『日本疾病史』を著した富士川游によれば、江戸期に二十七回の大流行がみられ、中にはお七風、谷風、琉球風、アメリカ風など世相をあらわす名のインフルエンザもあった。

　医学の進歩した現代でもインフルエンザ・ウイルスを直接叩くことはできない。したがって体力を温存し、免疫力をたかめる対症療法しか手だてがない。風邪は万病のもと、外出から帰ったら手洗いとうがいを励行してウイルスを洗い落とし、流行前にインフルエンザ・ワクチンの注射をうけることがなによりの予防となろう。

家　継——七代将軍（一七〇九〜一七一六）

急性肺炎による呼吸不全

父の家宣が急逝したので、三男の家継は四歳で将軍の座につかねばならなかった。

家継の生母はお喜世といい、浅草の真宗僧侶勝田玄哲の娘だった。側室となってからは左京の局と呼ばれた。家継は宝永六（一七〇九）年七月三日、西丸に誕生したが、出生地を山里の別業（別荘風の下屋敷）とする記録もある。幼名を鍋松といい、生来、虚弱体質のこどもだった。『徳川実紀』にも家継が病気をわずらった記事がしばしばみられる。

家宣にはもう一人側室お須免《すめ》の方が生んだ大五郎という男子がいたが、三歳で早世した。それゆえ家継は将軍になってからも大奥で大切に育てられた。過保護児童といってもよいだろう。幼少の新将軍を支えて政局運営に当たったのは側用人の間部詮房《まなべあきふさ》と学者の新井白石である。

能楽師出身の詮房は家宣の寵愛をうけ、五万石を拝領して将軍に仕えた。家宣が亡くなると左京の局は落飾して月光院と称し、詮房とともに政治の実権をにぎった。

月光院の遺体から生前の容貌を復元した鈴木尚氏は、彼女がうりざね顔の絶世の美女だったと絶賛する。江戸時代に『三王外記』という将軍たちの裏話を漢文体で綴った書物がある。ここには家宣亡きあと、家継の生母月光院が美男の側用人間部詮房とみにくい関係におちいり、物心ついた家継に二人の痴態をみとがめられるほどの嬌態を演じていたとかかれている。大奥でも月光院と詮房の仲を知らぬ者はないほど評判だったともいわれる。詮房はたえず月光院のそばにいて、老中の上中も詮房の手を経なければ取りつぐことができなかったから閣老たちは苦い顔をしていたのだろう。

享保元（一七一六）年四月半ばの宵、月光院は家継を伴って吹上御苑に散策に出かけた。むろん詮房も同伴する。御苑は西丸の北西にあり、その一角で月光院は詮房と酒宴を張った。酒に酔った月光院が詮房とたわむれているあいだに家継は夜気に当たって風邪を引いた。それからは当分の間、病床に寝ていたが、なにぶん、こどもなので安静がれない。家継はやたらと人に物を与えるくせがあり、病気見舞いにやってきた水戸中納言綱条《つなえだ》に巾着を渡したり、大名たちに鼻紙をわけ与えたりした。

病室の中をうごき回って周囲を困らせているうちに家継は風邪をこじらせ、咳や痰が切れなくなった。梅雨のはじまった四月二十八日（新暦六月十七日）、重症の肺炎をおこして食事や水分がのどを通らない。こんなとき現代ならば喀痰の細菌検査をおこない、起炎菌に効く抗生物質を投与し、呼吸管理や電解質バランスを調整して肺炎の治療をおこなうだろう。江戸城でも侍医の河野良以と池田玄達が幼君の治療に当たり、町医者の伊東高益がこどもの診療に評判がよいというので急きょ奥医師に取り立てられて診療した。だが肺炎菌は猛威をふるい、二日後の四月三十日、家継は八歳で幼い命をおえた。法名を有章院といい、芝増上寺に葬られた。死因は急性肺炎による呼吸不全と考えられる。

家継が危篤状態におちいったのをみて、月光院は急いで継嗣を決めねばならなかった。彼女は息子の容態を周辺に隠し、詮房とはかって継嗣をだれにするか画策をはじめた。

正室対側室、女の闘い

これをいち早く察知したのは家宣の正室だった天英院である。こちらも広いおでこ額に鼻尖がぴんとうわむいた美女である。天英院子飼いの侍女は早世した大五郎を生んだお須免の方だった。彼女は天英院に従って江戸へ下向し、家宣の側室に召し出された。大五郎が健在だったころ、将軍の座をめぐって天英院を後ろ楯とするお須免派と、鍋松（家継）を生んで詮房にあと押しされたお喜世（月光院）派との激越な争いがあった。大五郎が早世したとき、お喜世派の手にかかったのではないかと噂が立ったくらいである。こんどこそ思い知らせてやろうぞ、と天英院は思ったのか、将軍後継者として紀州の吉宗を候補に擁立した。

これに対抗して月光院と詮房は徳川継友《つぐとも》を候補にあげた。継友は尾張徳川家六代目を継いだばかりの二十四歳の若手だった。ここにふたたび正室対側室、京美人対浅草女の熾烈な争いがはじまった。

吉宗擁立派は「三代家光公以来、徳川宗家には将軍後継者として尾張家を忌避する慣習がある」と異議を申し立てた。

すでに述べたように寛永十（一六三三）年、家光は咳気の大病をわずらった。この病気の際、家康の九男で尾張家初代の徳川義直《よしなお》が幕府の許しを得ずに江戸へ向かった。だが、途中、出府の許可がないとお咎めをうけ、一行は名古屋へもどった。実際はいち早く病気見舞いに駆けつけようとしたのだが、善意は曲解され、「尾張藩は隙あらば天下を狙う野心もち」とレッテルが貼られた。この事件以来、将軍家は尾張家から将軍を招くのを忌避するにいたったというのが継友に反対する理由だった。

最初に天英院の実家である近衛家を味方に引き込んだ。ふだん月光院と閣老たちは仲が悪かったからこの対立を利用して老中たちの支持もとりつけた。水戸綱条も味方にした。ついに尾張継友は候補からしりぞけられ、紀伊吉宗が次期将軍に選ばれた。敗れた継友は三十八歳の若さで亡くなった。死因はわからないが、憤死とも毒殺だったとも伝えられる。

尾張藩の跡目を継いだ継友の弟宗春《むねはる》は吉宗によい感情をもたなかった。幕府の改革に対してことごとく批判した。吉宗の倹約令にも「むやみに倹約するばかりでは慈悲の心がうすくなる。諸人が苦しみ、かえって無益の費《ついえ》になる」と大っぴらにたてついた。幕府のお触れにさからって芝居小屋や遊所の禁止を解き、市中の祭礼も賑やかに催すよう奨励した。宗春みずから白牛にまたがり、唐人笠に緋羽織を着て五尺のキセルをくゆらせながら寺社に参詣した。藩士たちもそろいの派手な衣裳を着て宗春に従った。町人たちもこれにならい、絹やちりめんのきらびやかな衣をまとって踊り歩く。市中には祭礼の太鼓や音曲がしきりに流れた。芝居小屋は十数カ所も新設された。各所に遊女町がもうけられ、遊女の数は七百人を越えた。茶屋、料理屋、呉服屋なども大いに繁昌し、名古屋城下は空前の活況を呈した。幕府の倹約令で日本中が不景気なのに、名古屋だけが元気だった。

これを吉宗が見逃すはずがない。元文四（一七三九）年、宗春は罪に問われて隠居謹慎をさせられた。その後宗春は二十五年あまり幽閉生活を送ったが、健康を害することもなく健在だった。晩年はさすがに足腰が弱り、最期は老衰でこの世を去った。享年六十九。以来、尾張藩は幕末まで宗春の墓石に金網をかぶせて将軍家に恭順の意を示した。

吉　宗──八代将軍（一六八四〜一七五一）

幕政一新を手がけた名君

八代吉宗は貞享元（一六八四）年十月二十一日、紀伊藩主徳川光貞《みつさだ》の四男として和歌山城に生まれた。幼名を源六、のちに新之助といった。他家に養子にゆく身だったが、あいつぐ兄たちの死によって紀伊藩主の座についた。そのうえ家継の死去により後継に推され、将軍にまで登りつめたのだから、よほど強運の星のもとに生まれたのであろう。

吉宗が八代将軍の宣下をうけたのは享保元（一七一六）年八月十三日。将軍の座につくとさっそく幕府再建をめざしてさまざまな改革をおこなった。人心を一新するにはまず人事である。間部詮房、新井白石ら先代の側近たちを幕政からしりぞけ、老中以下、譜代大名を政局の中枢にすえた。医師の人事は紀伊藩の侍医林良以《りょうじ》の裁量にまかせた。

名君のほまれ高い吉宗（徳川記念財団）

良以は輸入薬の鑑定から朝鮮通信使への質問まで手広い仕事をうけもった。大岡裁きであまねく知られる大岡越前守忠相《ただすけ》も四十歳の若さで江戸町奉行に抜擢された。大岡はそれまで伊勢山田の普請奉行をつとめていたが、かれの勤務ぶりに注目していた吉宗は将軍に就任するとすぐに引きぬいた。御庭番という密偵組織を幕府に新設したのも吉宗だった。

政策で目立つのは江戸の町に設置された目安箱であろう。この投書箱のおかげで庶民の訴えや提言が将軍に直結することになった。直訴が禁じられていた江戸時代としては画期的なシステムである。貧困者の施療病院である養生所が開設されたのも、江戸の町医者小川笙船《しょうせん》が目安箱へ投書したのがきっかけだった。五十代の笙船は貧困病人の窮状をみかねて訴えたのである。

享保七（一七二二）年、吉宗は笙船の建議を採用して幕府の御薬園内に四十人詰めの病棟を建てさせた。これが江戸の官立病院の草分けといわれる小石川養生所である。養生所の取締まりは町奉行所がつかさどり、見回り役を与力、同心ら八人がつとめた。肝《きも》煎《いり》（病院長）は提案者の小川笙船、医員として六人の町医者が交代で勤務した。貧困者の救済を目的としたこの病院は人気があり、翌年には病棟を増築して定床を百人詰めに増やした。さらに享保十四（一七二九）年には百五十人詰めと規模を拡大する。診療科も本道（内科）のほか、外科、眼科などもおかれた。

「養生所にくる病人はみな下層民ではあるが、危険な治療はせず念入りに療治するようにしなさい。慢性の病人や不潔な姿の病人に尻ごみしてはなりません。また、それらの患者の療治をすぐほかの医師にまかせることもなりません。手に負えない病人がいたら役人や笙船に必ず相談して下さい。病人にどのような薬を用いても結構ですが、その処方だけは診療録に記入しておいて下さい」

これは笙船が養生所の医師たちに渡した診療心得の一部である。当時の記録をよむと住み込みで病人の世話をする見習医や看護師に当たる看病中間・女看病人たちの愛情あふれる親身の看病がひしひしと伝わってくる。まさしく山本周五郎の『赤ひげ診療譚』の世界である。

こうして身寄りのない貧しい病人のための病院は順調に滑りだした。しかし、なにごとも当初の志《こころざし》とはちがってくるものだ。初代病院長の笙船が亡くなり、その子孫が引き継いだころには、院内の様相はがらりと変わった。天保年間の記録によると病人部屋は五棟にわかれていたが、各棟に親方と称する看病人が一人ずつ配置されているものの、これが看病などまったくやらない。各棟ごとに入院患者の中から比較的軽症な者を三人ずつ選びだし、かれらに病人の世話をさせている。つまり病人が病人の看病に当たるのである。親方たちは病人を使って雑用をさせ、夜になると病人たちと博打にふけり、病人に見舞いの品があろうものなら勝手に横取りして監察にきた役人を呆れさせた。病室は三段にわかれ、重症者はいちばん奥に、中等症は中の段、軽症者は入口の部屋におさまっていた。だが重病人部屋は臭気ふんぷんとしてノミやシラミが這い回り、医者もろくに脈をとりにこなかった。女病人の部屋へこっそり忍びこむ者も絶えなかったから、夜は戸締まりを念入りにせよ、という注意がしょっちゅう張り出された。町奉行からもたびたびお叱りをこうむっている。幕末に向かうにつれて養生所はますます衰退し、明治維新で廃止された。いまは井戸跡だけがのこっている。黒澤明の映画『赤ひげ』は全盛時代の養生所を活写した名作だが、没落していった同所のありようもまた人間の本性をあらわすものとして興味深いコンテンツになるのではなかろうか。

生兵法は怪我のもと

吉宗は若いころから鷹狩りを好み、獲物を追って野山を駆けめぐった。津本陽氏の小説『大わらんじの男』によると吉宗の身長は六尺一寸五分（約一八五センチ）あったという。だが庶民男子の平均身長が一五七センチそこそこだった江戸時代、これほどの大男が将軍をつとめたら必ずや記録にとどめられただろう。わたしの調べでは吉宗の身長は一五五センチで当時の庶民と変わらない。遺品の太刀や大鎧、わらじなどが大きかったから六尺豊かな大男と類推されたかもしれないが、太刀や鎧は単なる飾り物、わらじも神仏に奉納するため大きめにつくるものである。

肖像画にみる吉宗は家康に似た肥満体で、本態性高血圧の体質を思わせるが、延享二（一七四五）年大御所として西丸に移るまで大病をわずらうことなく三十年の長きにわたって将軍職をまっとうした。

吉宗にとって家康こそ崇拝する偉大な祖先だった。家康のように耳が大きいのも自慢だった。側近たちも「上さまは神君にそっくりでございます」とお追従をいった。

すべて神君のようにふるまいたい、そう熱望した吉宗は家康を見習って医薬研究に精をだした。家康が愛用した処方集『和剤局方』を手許におき、『聖恵方《せいけいほう》』『東医宝鑑』『外台秘要《げだいひよう》』などの実用医書や処方集をひろげ、みずから薬研を使って調剤をした。

牛乳の効用を信じた吉宗は、享保年間に房州の嶺岡（現在の千葉県鴨川市）に牧場をひらいて白牛を数頭飼育させた。牛乳を長時間弱火で煮つめると白牛酪《はくぎゅうらく》というチーズ様の乳製品ができる。古代から醍醐《だいご》と呼ばれる乳製品を吉宗は好んで食した。牛糞を乾燥させて黒焼きにした「白牛洞《はくぎゅうどう》」という薬もあり、はしかの特効薬として珍重された。

享保十五（一七三〇）年、京都ではしかの大流行があり、三十歳の中御門天皇と七十七歳の霊元法皇が感染した。ききつけた吉宗は急ぎ房州から「白牛洞」をどっさり取り寄せ、早馬で宮中まで運ばせた。これが功を奏して天皇、法皇ともに全快することができた。余った「白牛洞」は五摂家筆頭の近衛家に下賜されたとのことである。享保十九年、五十一歳の吉宗がはしかにかかったときもこの特効薬で快癒している。

このように吉宗は医療研究にはげんだが、そこには家康が犯したと同様の根本的な欠陥があった。家康についていえば、たしかに漢方薬の処方と調剤にかけては抜きんでていた。「御医師家康」といわれるほど医療研究に経験と自信があった。薬の処方集や製薬道具、薬物書なども本物の医師並みにそろえた。だがはたして家康が漢方の真髄を理解していたかとなると少なからぬ疑問が生ずる。

漢方は漢方薬の効き目を主体とするものではなく、人間を全体として診る視点が欠かせない。漢方を理解するには陰陽五行の気を心得たうえでヒトの経絡経穴を知り、病人の脈と全身状態をよみとり、その日常生活と人生をいかに支えるべきかを考えねばならない。このような漢方の根本を理解してはじめて自然治癒力を最大限に引き出す漢方薬運用の妙を味わうことができるのである。それには『素問《そもん》』『霊枢《れいすう》』『傷寒論』といった漢方医学の規矩準縄《きくじゅんじょう》（規準、法則）が網羅された古典をくり返しよむことが必須である。だが家康には漢方の主要な古典に取り組んだ形跡がみられない。『蓬左文庫典籍叢録駿河御譲本《ほうさぶんこてんせきそうろくするがおゆずりぼん》』によれば、家康がまなんだ医療書は『本草綱目』『本草集要』『聖恵方』『証類本草』『医学綱目』『医林集要』『奇効良方』『和剤局方』『千金翼方』『医学入門』などすべて医薬の実用書ばかりである。

侍医たちが家康に医学講義をする際、陰陽・虚実・表裏・寒熱など漢方の根本を説いたのでは話が長くなるし、当人の気に入らない。かえってえらそうに思われるだけだから、おのずと薬の効能を中心に語ることになる。家康の興味も薬種の処方と調剤に集中し、虫には虫下し、風邪には葛根湯《かっこんとう》といった安易な対症療法に講義は傾く。この薬はこの症状に効くということを何万回くり返して実行したとしても、ついに漢方の真髄をつかむことなくおわってしまうだろう。

吉宗についてもまったく同様のことがいえた。家康の轍を踏んで漢方の理解よりも医薬の効能に力点がおかれ、吉宗の手許にあったのは実用的な医学書ばかりだった。生兵法は怪我のもと、医者の真似事もほどほどにしなければ家康のように命をちぢめる事態が生じかねない。

厄介な再発性脳卒中

延享三（一七四六）年十一月、吉宗は突然、中風発作をおこしてたおれた。中風とは脳卒中のことである。さいわい西丸奥医師をつとめる井上俊良の必死の治療により、翌年三月には床上げができるほど回復した。

脳卒中をおこした患者さんは、その後しばしば感情の乱れが生じ、哀しみやうつ気に襲われる。その苦しさは人に伝えてもなかなかわかってもらえない。ときには絶望のあまり死を希求する。こんなとき家族をはじめ友人知人など寄り添う人の存在が大きい。自分ひとりの命でないことが身に沁みて感じられる。周囲に人がいて患者さんに笑顔が出てくればもう大丈夫だ。しかし将軍とは孤独なものである。はたして吉宗に「なんにもしなくてよい。ただここにいてほしい」といえる親身で心強い支えの手がいくつあっただろうか。

その後の吉宗はめっきり体力が衰え、ほとんど外出できなくなった。おそらく後遺症として片麻痺（半身不随）がのこったものと思われる。風邪を引きやすくなり、しばしば病臥している。寛延元（一七四八）年六月、江戸城に朝鮮通信使が参上したが、このときも病いのため引見できなかった。

翌寛延二年夏ごろより前立腺肥大がおこり、排尿時の不調がはじまった。それまで調薬をつづけたのは侍医の井上交泰院だが、田安宗武《たやすむねたけ》（吉宗次男）の侍医吉田元卓の評判がよいというのでかれに診てもらった。すると食欲がうわむき、粥などを食べるようになったので一同よろこんだが、ほどなく症状はもとにもどってしまった。

それからは西丸侍医の武田長春院が脈をとった。長春院のすすめに従い、食事は一汁三菜の一日二食、朝食は辰の刻（午前八時ごろ）、夕食は申の刻（午後四時ごろ）と決め、飲酒も控えた。

こうした摂生により体調はだいぶよくなったので、宝暦元（一七五一）年三月、久々に本所へ出て鷹狩りを楽しんだ。しかし、この外出がからだにさわったものとみえて二カ月後の五月二十三日、ふたたび脳卒中の発作に見舞われた。

家光のケースで述べたように、再発性脳卒中の治療は厄介で、現代でもしばしば医者をてこずらせる。患者さんの基礎にある動脈硬化、高血圧に十分気をつけながら慎重に治療をすすめる。脳梗塞を含めた再発性脳卒中の治療として一般には脳を流れる血が固まらないよう抗血小板薬のアスピリンや抗凝固薬のワルファリンが用いられる。だが、これらの薬を常用していると怪我をしたとき血がとまらなくなる危険性がある。だからといって自分勝手な判断で薬をやめれば血栓症を引きおこしかねない。アスピリンやワルファリンは抗血栓療法の中核に位置づけられた効果的な薬なのだが、必ず医者の指導によって服用しなければならない。

吉宗が二度目におこした脳卒中は六月はじめに悪化した。長春院の療治ではおぼつかないという声があがり、ふたたび宗武の侍医吉田元卓に代えて調薬をおこなわせた。

六月十日、大御所重態の知らせに、将軍家重と孫の家治《いえはる》は連日西丸に詰めて容態をうかがった。同月十九日、吉宗は危篤状態におちいり、翌二十日卯の刻（午前六時ごろ）、多くの幕臣たちに見守られながら息を引き取った。享年六十八。幕府中興の祖とうたわれた吉宗の葬儀は盛大にいとなまれ、遺体は上野の寛永寺に葬られた。法名は有徳院である。

家　重──九代将軍（一七一一〜一七六一）

知的にすぐれた脳性麻痺者

たいていの歴史書には八代吉宗のあとを継いだ家重は生来、病弱で暗愚だったと記されている。名君のほまれ高い父吉宗とは似ても似つかぬ不肖の子であり、大酒飲みで癇癖の強い将軍だったという風評もある。父吉宗が体格堂々として壮健だったから、いっそう虚弱さがきわだった。だが、わたしは家重が暗愚だったという説に異議を唱える。それどころか、かれは知的にすぐれた脳性麻痺者だったと推察する。まず、かれを脳性麻痺とする根拠から述べてみよう。

『徳川実紀』には「(家重は) 御多病にて、御言葉さわやかならざりし故、近侍の臣といえども聴きとり奉ること難し」と明確に記されている。話すことばがききとれないの

知的にすぐれた脳性麻痺の家重（徳川記念財団）

は、言語障害のあったことを意味する。江戸後期に来日したオランダ人・ティチングが著した『日本風俗図誌』にも、「かれの話すことばは他人にわからず、ただ合図のようなものでしか自分のいおうとしていることを人に伝えることができなかった」とかかれている。

家重の話をききわけることができたのは側用人の大岡忠光《ただみつ》ただひとりだった。忠光は御用取次の身でありながら破格の厚遇をうけ、武州岩槻藩で二万三千石をたまわった。閣老も忠光の意を迎えざるを得ないほど権勢があったといわれる。わたしがつとめた障害者の施設でも、重い脳性麻痺の人たちが懸命にしゃべるのをきいたが、はじめはなにを話しているのかよくわからない。ふだん接している看護師さんや保育士さんの通訳で「食事のおかずをふやしてほしい」「ナゴヤ・ドームへナイターをみにゆきたい」「一生に一度でいいからハワイ旅行がしたい」などと話しているのがわかった。忠光も将軍の側近くにたえず仕えたから、自然に家重のことばを解したのであろう。

家重の脳性麻痺の症状は肖像画にもあらわれる。多くの将軍たちの画像がすこぶる威厳にみちた容貌に描かれているのに対して家重のそれは首を前に突きだし、眉根《まゆね》を寄せ、両目も内斜視を示している。唇をねじまげ、頬にも不随意運動をあらわすシワが寄っている。手つきもぎこちない。御用絵師は肖像画を描くとき本人よりよく描くのが大事な役目だから家重の画像も症状を抑えて描いたはずであり、実際はもっと重症だったのではなかろうか。

脳性麻痺はごく大ざっぱにわけて二つのタイプがある。ひとつはアテトーゼ・タイプといって、例えば机上にあるコップをとろうとすると、手が思わぬ方向にうごいてしまう不随意運動のタイプである。もうひとつは手足やからだがぎこちなく突っぱる痙直型といわれるタイプである。描かれた容貌の特徴から家重は脳性麻痺のアテトーゼ・タイプ、つまり不随意運動が出現するタイプではなかったかと推定される。

アテトーゼとはドイツ語であって、英語ではアテトーシスという。からだ全体に生ずる不随意運動のことであり、イモ虫が這うようなムズムズしたうごきを意味する。これは大脳の基底核の病変によっておこるとされ、具体的には頭や顔面、四肢の末端がくねるようにうごく状態である。江戸時代に著された『続三王外記』によれば、家重は歩行に難があり、首をたえず左右にふっていたという。脳性麻痺は未熟児での出生や、生まれるときにおこる仮死、黄疸が三大原因である。母子間の血液型不適合などにより強い黄疸（高ビリルビン血症）がおきるとアテトーゼ型の脳性麻痺をきたしやすい。家重が誕生したのは正徳元（一七一一）年十二月二十一日、紀伊藩赤坂御殿であるが、生まれたとき黄疸が強かったのだろうか。さいわい現代では周産期医療のめざましい進歩によって新生児の黄疸を予防したりなおすことが可能になり、家重にみられるような脳性麻痺は激減した。

アテトーゼ・タイプの脳性麻痺は下半身よりも上半身に症状が強い。わたしが診療した脳性麻痺者の中には、ことばが話せず手もうまくうごかせないのに足で巧みに車イスを移動させ、大きなソロバンを足趾《そくし》ではじいて計算する人たちがいた。足を使ってワー

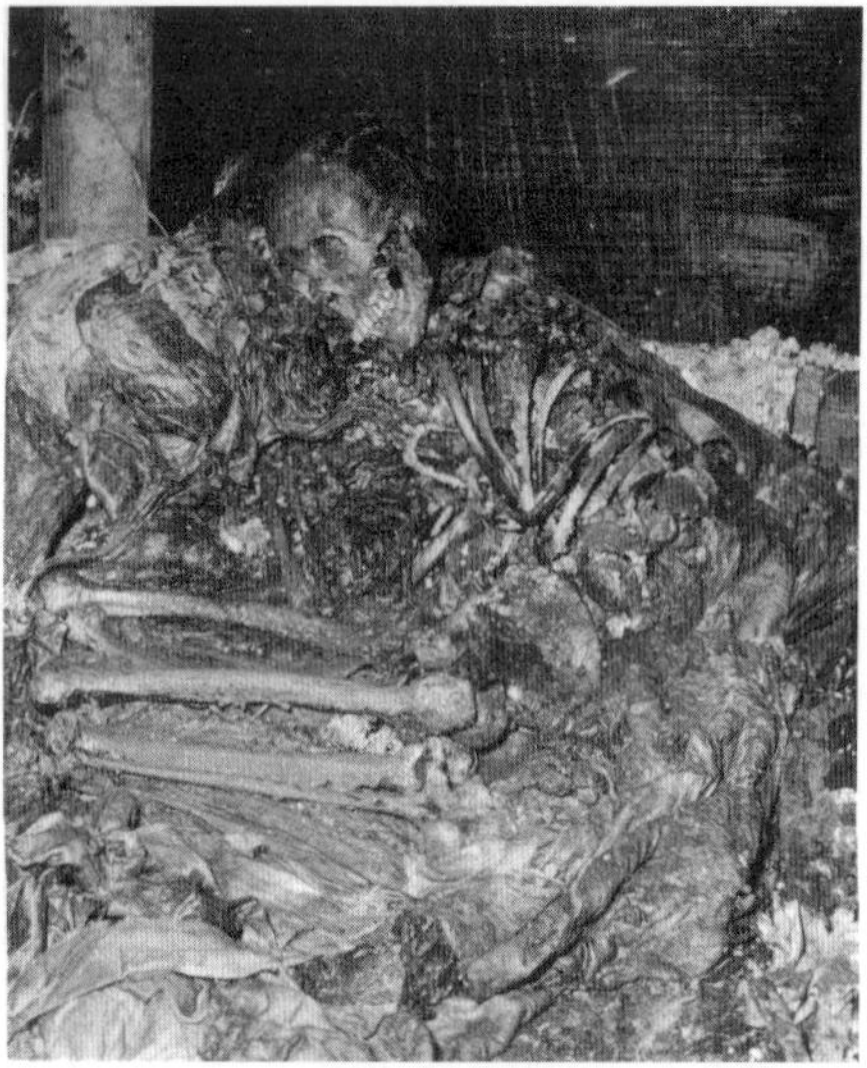

家重の遺体写真
（鈴木尚著『骨は語る　徳川将軍・大名家の人びと』東京大学出版会より）

プロやインターネットに習熟した人もいる。たいていの将軍は描いた書画がのこされているが、こんにちにいたるまで家重のそれが一点も発見されていないのは、アテトーゼのため左右の手指が不自由だったからであろう。

芝増上寺に埋葬された家重の遺体から明らかにされたのは奥歯のいちじるしい磨耗である。家重の奥歯は上下の歯列すべてにわたって咬面《こうめん》が滑らかに擦り減っていた。アテトーゼ・タイプでは物を噛む咬筋の作用が強く、たえず歯ぎしりするため奥歯が擦り減る傾向にある。家重の歯列にもこのような特徴がはっきりあらわれていた。

脳性麻痺の人たちは生まれるとき運動神経はやられたが、知能は正常の場合が多い。重いアテトーゼ症状がありながら、大学の数学教授をつとめた方もおられる。家重は将棋が得意でしばしば忠光を通じて棋士たちと駒を指したが、これは障害者のリクリエーション療法としては最適であった。父の将棋好きが息子の家治にも感化を及ぼしたらしく、のちに家治は『御撰象棊攻格《ごせんしょうぎこうかく》』という将棋指南の問題集を編纂している。家重が暗愚の人といわれたのは言語障害のために自分の考えを他人に十分伝えられなかったからであろう。

現代でも脳性麻痺の人たちは外見で誤解されているが、迷信にみちていた江戸時代ではいっそうひどい中傷を浴びせられた。吉宗は恰幅もよく、しばしば鷹狩りに出かけて『鷹公方』の名をもって鳴らしたが、家重は江戸の町民から『小便公方』とからかわれ、『アンポンタン』とあざけられた。脳性麻痺では尿路系のコントロールがうまくゆかない人がいて家重も持病に頻尿症と尿漏れがあり、遠出するときなど各所に便所を設けたからこんな悪口をいわれたのだ。心ない陰口を叩かれて家重はやけ酒をあおっていたかもしれない。

排尿障害から尿毒症に

家重より四歳年下の次男田安宗武は文武両道にすぐれていた。かれが十四歳で元服したとき、吉宗の前で論語二十篇《ぺん》をすらすらと暗唱して、その場にいた者を驚嘆させた。吉宗をはじめ閣老は障害者の長男よりも次男を次期将軍にしたくてうずうずしていた。このあたりの事情は三代家光とその弟忠長の関係に似たものがある。しかし長男を廃して次男を立てれば諸大名に悪例を示す。天下の人心に与える影響もはかりしれない。悩み抜いた吉宗は最終的に長子相続の原則に従い、延享二（一七四五）年、三十五歳の家重を将軍職につけた。

家重は二十一歳のとき、伏見宮邦永親王の四女だった比宮培子《なみのみやますこ》と婚約した。比宮も同い年の二十一である。ところが西丸入りした姫君は家重をみて動顚《どうてん》した。将軍世子は手足がふるえ、話すことばもはっきりしない。そのうえ大酒飲みの怒り上戸である。比宮はすっかりノイローゼになり、結婚して二年後の享保十八（一七三三）年、流産したあげく他界してしまった。

家重は障害のわりにからだは丈夫で、享保五（一七二〇）年一月、十歳の年に水痘をわずらったが、同月二十一日に全快して酒湯の式をあげている。享保十三年三月二日、十八歳で疱瘡にかかったが、同月十一日には酒湯を浴びている。享保十五年にもはしかにかかったが、同年十二月五日、ぶじに酒湯の式を挙行した。その後は重い病気をわずらうこともなく、ほとんどの公式行事に出御した。こんにち脳性麻痺のご夫婦がかわいい子女に恵まれ、しあわせに暮らしている家族がいるように、家重にも側室に二人のこどもを授かり、長男の家治は健常な少年として成長した。

宝暦十（一七六〇）年五月、家重は五十歳で将軍職を家治にゆずり、大御所として江戸城二の丸に移ったのだが、このころより持病の排尿障害が顕著になってきた。翌年の五月八日、家重は尿路感染をおこして病床に臥した。病状はかなり重く、家治も本丸から父の臥す二の丸へゆき、湯薬の世話をしている。家治は五月十日にも病室に詰めて父の看病をした。だが家重はだんだん衰弱して、六月には尿毒症を発症した。六月十日、家治は重体となった父を見舞いに二の丸へいったが容態は深刻だった。翌十一日、家重は危篤状態におちいり、家治は申の刻（午後四時ごろ）から病室に詰め切りとなった。幕閣たちもつぎつぎに二の丸へ詰めた。夜更けて家治はいったん中奥の御座所へもどったが、深夜、いよいよ危ないというので二の丸へゆき、父の容態をうかがった。家重はすでに虫の息であり、それから半刻後の宝暦十一（一七六一）年六月十二日丑の下刻（午前三時ごろ）、黄泉の国へ旅立った。享年五十一。法名を惇信院と号し、増上寺に葬られた。

家　治——十代将軍（一七三七〜一七八六）

将軍の器としてふさわしかったか

十代家治の生母は権中納言《ごんちゅうなごん》梅渓《うめたに》通条《みちえだ》の娘お幸である。お幸は比宮の侍女として仕えていたが、比宮が将軍世子家重と結婚して西丸入りしたとき、これに従って江戸へ下向した。比宮が二十三歳で没したあと、お幸はのぞまれて家重の側室に抱えられ、元文二（一七三七）年五月二十二日、西丸で長男竹千代（家治）を生んだ。

家治は柔順かつ温厚の人だった。からだは壮健で大病の既往歴はない。十六歳の宝暦二（一七五二）年十一月、痘瘡をわずらったが順調に経過して同月十三日酒湯を浴びている。若君の全快を祝って十二月一日に流鏑馬《やぶさめ》が催された。

家治は二十四歳で将軍に就任して以来二十六年間、いかに寒かろうと暑かろうと一度も朝会を休んだことがない。それくらい律儀の人でもあった。父の時代、武芸試合や鷹狩りの調練は久しく廃絶されていたが、家治は武芸台覧や鷹狩りを再開させた。

とはいえ家治が将軍の器《うつわ》としてふさわしかったかとなるといささか疑問がある。かれは政局運営を幕閣の実力者田沼意次《おきつぐ》にゆだねてしまい、みずからは積極的に政治に介入しなかった。意次は家重の小姓を振出しに老中まで登り詰め、権勢を一手ににぎった。息子の意知《おきとも》も若年寄に出世して親子ともども勢威をふるった。だが天明四（一七八四）年、意知は佐野善左衛門という侍に江戸城中で殺害された。栄進の約束をして多額の金子をうけとりながら果たさず恨みを買ったといわれる。この事件は意次とその周辺に強い衝撃を与え、以来、田沼一派の勢力は日増しに衰えた。

八代吉宗の治世は米の値段がはげしく変動して庶民は物価の上昇に苦しめられた。吉宗は〝米将軍〟と呼ばれたほど米価の調整に力を入れたが、この間、着々と経済力をのばしたのは商人たちである。富裕になったかれらは一日三食の習慣を定着させ、やがて全国にこれがひろまった。江戸の町民はヌカを落とした精白米を腹一杯喰わねば満足しなかった。同時に江戸では脚気《かっけ》の病いが流行した。脚気はヌカに含まれるビタミンB_1の欠乏によっておこる。春から秋口にかけて発症し、とりわけビタミンB_1の消耗がはげしい夏場に悪化する。田舎から丁稚《でっち》奉公にやってきた少年たちは白米飯を食べると足腰の力がぬけ、いわゆる「江戸煩《わずら》い」にかかった。盆に故郷へ帰って玄米飯を食べると奇病はなおる。家康の時代は食生活が質素で、武士たちも玄米を常食にしていたが、家治の時代には江戸城台所も味のよい精白米しか買いあげなかった。

脚気衝心による心不全

残暑きびしい天明六（一七八六）年八月初旬、家治は脚気をわずらった。はじまりは足の水腫（浮腫、むくみ）だった。現代人に浮腫がみられれば、まず腎臓病や心臓病を考えるのだが、当時はたいてい脚気をさした。病気の前ぶれのように家治は天明六年三月にもむくみをきたしたが、このときは軽症でおさまっている。このたびの病気も臥床するほどではなく、当初は尚薬（薬司の長官）の河野仙寿院に頼んで薬を調剤してもらっていた。だが、いつまで経ってもむくみが引かないので奥医師の大八木伝庵が調薬を引きうけた。

八月十五日、風邪を引いた家治は表御殿へゆくのをやめた。おそらく脚気が悪化して足が立たなかったのであろう。日ごろいたって丈夫で、将軍就任以来、一度も表御殿の謁見を怠ったことのない家治が、はじめて中奥に引きこもったので側近たちはなにか重大な病気にかかったのではないかと憂慮した。

翌日、町医者の日向陶庵と若林敬順が急きょ田沼意次に召し出され、将軍の療治について相談をうけた。十七日には奥医師たちがのこらず集められ、将軍の疾病について診療会議がもたれた。十九日、意次の推挽《すいばん》により陶庵と敬順は奥医師として採用され、将軍の診療をはじめた。医師団が従来の奥医師たちと、意次が臨時に雇った町医者の二派にわかれたから事態は紛糾した。町医者の薬を服用した家治は、翌二十日、かえって具合が悪いと訴え、以前のように大八木伝庵の療治がつづけられた。

伝庵の調薬により病勢はいささか回復したかにみえたが、八月二十六日の早暁より、またもや病状は悪化した。側近たちは宿直《とのい》をして万一にそなえた。同月二十七日、意次は病気を理由に解職され、翌二十八日、陶庵と敬順も奥医師を解雇された。伝聞によれば、意次と二人の町医者は将軍に一服毒を盛り、そのために病勢が悪化したとうたがわれたようだ。

九月三日、家治は重体となり、群臣はすべて本丸に詰めて待機した。六日、いよいよ危篤状態におちいったが、おそらく脚気衝心により心不全をおこしたものと思われる。

二日後の九月八日巳の刻（午前十時ごろ）、中奥の病之間に呻吟《しんぎん》していた家治は冥界へ去った。享年五十だった。遺体は上野の寛永寺に葬られ、法名を浚明院と号した。

ここで息抜きに歴代徳川将軍の名の覚え方を提唱したい。

その昔、高校生のころ中国の歴代王朝名を暗記するのに「殷周春秋戦国秦（インシュウシュンジュウセンゴクシン）、前新後漢三西晋（ゼンシンゴカンサンセイシン）、東晋南北隋唐五（トウシンナンボクズイトウゴ）、北宋南宋元明清（ホクソウナンソウゲンミンシン）」という調子のよい唄を教えられた。これをわたしは「飲酒春秋千石芯、全身五感三清新、投身南北遂十五、干糞なんぞ滅民心」と大酒飲みをイメージする替え唄にして覚えた。

徳川十五代も「声に出して読みたい日本語」風に「康忠光綱、吉宣継宗、重治斉慶、定茂喜（コウチュウコウコウ、キチセンケイソウ、ジュッチィセイケイ、ジョウモッキ）」とお経のように唱える。秀忠、綱吉、吉宗、慶喜をのぞき全員に家を付ければできあがりである。このとき「咬虫高校吉先軽走術治整形嬢目喜」（咬虫高校のキチ先生が軽く走ったらケガをして整形外科で手術してなおった。先生のお嬢さんが目をうるませて喜んだ)」というストーリーを頭にうかべる。あるいは大奥の闇の中、好きあった二人が「好チュウ交媾吉千軽躁柔恥性恵女茂喜」と妖しのシーンをくりひろげるのはいかが。ただしイメージばかり先行すると「じゃあ、このコウってだれのことでした？」と肝心の本名がわからなくなる恐れもある。

家　斉——十一代将軍（一七七三〜一八四一）

もうけた子女は五十七人

十一代家斉は御三卿の一橋治済《はるさだ》の長男である。御三卿とは徳川家の支族である田安家、一橋家、清水家のことで、尾張、紀伊、水戸の御三家に次ぐ家格をもつ家柄である。御三家は家康の九男・義直が尾張家を、十男・頼宣が紀伊家を、そして十一男・頼房が水戸家を創設した別格の大名だった。幕閣とは別の立場から将軍を補佐し、宗家に嗣子のないときはこれを継承するというものだったが、江戸中期ともなると宗家と御三家との間柄はかなり疎遠になり、ときには警戒すべき対立相手になった。

そこで八代吉宗は次男の宗武に田安家を、四男の宗尹《むねただ》に一橋家を創設させて御三家に準じる扱いにした。九代家重もこれにならい、次男の重好《しげよし》を初代とする清水家を創設させ、これら三家を御三卿と称して宗家に世継ぎがいなければこれを継ぐ資格をもたせた。ただし大名には取り立てず、十万石の賄料だけを与えて城内の田安門、一橋門、清水門脇に住まわせた。御三家はその領地によって尾張・紀伊・水戸と呼ばれたが御三卿はその邸宅名により田安・一橋・清水の名で称されたのである。

家斉は安永二（一七七三）年十月五日、側室お富の方から生まれた。幼名を豊千代という。六歳になった安永七年二月十四日、疱瘡をわずらい、順調に経過して同月二十五日に酒湯を浴びた。翌年の五月二十五日には水痘にかかり、これも軽くすんだ。

先代将軍の家治には二人の男子がいた。長男の家基《いえもと》と次男の貞次郎である。貞次郎は生後三カ月で早世したが、世継ぎの家基はすこやかに育った。だが十八歳のとき鷹狩りに出かけて急病にたおれ、数日のうちにこの世を去った。狼狽した閣老たちは急きょ一橋家から九歳の家斉を養子に迎えて将軍継嗣とした。急場をしのいだ閣老たちは冷汗をぬぐったはずである。

家基の急死は田沼意次による毒殺ではないかと噂が立った。風説は長らく周辺に立ちこめ、家斉は生涯にわたって家基のたたりを恐れた。ふだん頭痛もちだったのも家基の怨霊におびやかされ不安を抱いていたのだろうと噂かれた。

不安なる精神は健全なる身体にも宿る。家斉はとびきり頑健な肉体の持ち主で、精力もいちだんと旺盛だった。正室のほかに十六人の側室を抱え、歴代将軍にはまれにみる五十七人の子女をもうけた。それというのも十五歳で将軍職を継いだとき、実家の一橋家から「先代将軍に男子が二人しか生まれなかったことがそなたの運命を変えたのじゃ。宗家へいったらこころして子女をもうけよ」と訓戒をうけ、子づくりにはげんだからである。

江戸時代、多くの親はこどもを流行病で亡くした。家斉の子女も五十七人中、三十二人が五歳を待たずに早世した。現代の七五三はこどもと両親が着飾る派手なファッション・ショーと化したが、往時の七つの祝いは、「よくぞ、七歳までぶじに育ってくれた」と心底より氏神に感謝する意義深い祝い日だったのである。

徳川宗家と同様、世子のいない諸大名は家督相続に悩んでいた。関ケ原の合戦で西軍を裏切った小早川秀秋はその功により備前・備中・美作にまたがる五十一万石の大大名に取り立てられたが、世継ぎがいないために無嗣断家となった。嗣子を欠く全国の大名はあらゆる手段を尽くして存続をはかった。藩主死亡後の公儀無届、嗣子の年齢詐称、継嗣入れ替えなどはざらにあった。大名の苦衷を察してか、あるいは弱みにつけこんだといおうか、家斉は側室に生ませたおびただしい子女を諸大名の養子におしこみ、あるいはむりやり嫁にとらせた。

その最大の被害者は尾張徳川家である。尾張家は家斉から四度も子女をおしつけられ、複雑きわまりない家系にされた。はじまりは寛政六（一七九四）年、尾張九代宗睦《むねちか》の長男である五郎太のもとに家斉の長女淑姫《ひでひめ》を入嫁させた。五郎太がその年に死亡したので、寛政八年に淑姫を一橋愷千代《やすちよ》に再嫁させた。さらに家斉の第六子である三男の敬之助を宗睦の養子にして送りこみ、敬之助が寛政九年に夭折すると、こんどは愷千代を養子にした。これが尾張十代斉朝《なりとも》である。斉朝には嗣子ができなかったので、天保五（一八三四）年に家斉の四十六番目の子である十八男の斉温《なりはる》を斉朝の養子に入れ尾張十一代とした。斉温が天保十年に死亡すると、田安家に養子として与えた三十番目の子で十一男の斉荘《なりたか》を尾張十二代におしこんだ。

という次第で、家斉の長女と十八男と十一男は異母姉・弟・兄でありながら、親・子・孫というなんともややこしい関係になった。尾張家は徳川宗家のいいようにかき回され、初代義直以来の血統を根絶やしにされてしまったのである。

老衰に近い最期

すでに述べたように家斉の曾祖父吉宗は房州（千葉県）嶺岡に牧場をひらいて乳牛を飼育させた。家斉の時代になると乳牛は七十頭あまりに増えた。家斉は牛乳を精製した「白牛酪」が大好物で、長らくその醍醐味を味わってきた。かれの精力絶倫の源はこんなところにあったのかもしれない。十六人の側室に五十七人もこどもをつくれば、たいていは腎虚をおこして早々に衰耗しそうなものだが、色の道に精進した家斉は、交合中に多くの女性から長生きの粘液素を吸収する術を会得して化け物のように頑強なからだをつくりあげた。酒も強く、壮年時代は毎晩のように酒宴を催し、花見や紅葉狩りのときなど浴びるように飲んでも乱れなかったという。晩年は実家の一橋家より「深酔いはお慎み遊ばせ」との進言があり、以来、節酒に転じた。ある冬、鷹狩りの途上、風雪が吹き荒れ、供の者が「寒気しのぎに御酒を召しあがっては」とすすめると、「そこを飲まぬが男なり」と戯言《ざれごと》をいい、杯に手をつけなかった。

在職中病臥したのは数回の感冒だけだった家斉も古希が近づくと急に体調が崩れた。

天保十二（一八四一）年一月十三日、疝癪《せんしやく》気味になり腹痛を訴えた。感冒の一種である感染性胃腸炎をわずらったのかもしれない。同月十五日にも腹痛があり、表御殿に出御しなかった。翌十六日、西丸奥医師の大膳亮好庵と小普請医師の竹内仙城が家斉の主治医をつとめるよう召し出された。

それからも腹痛がつづき、同年一月三十日、危篤状態におちいり、辰の刻（午前八時ごろ）あの世へ旅立った。享年六十九。死因ははっきりしないが腹膜炎などの急性腹症がうたがわれる。高齢なので老衰に近い状態だったのかもしれない。現代では老衰死の大半が嚥下性肺炎による心不全である。法名は文恭院、遺体は上野の寛永寺に葬られた。

ここで『徳川実紀』にある家斉のエピソードをひとつ。

ある秋、閣老たちに「その方ども、余に菊花を献じよ」と呼びかけた。帰宅した閣老たちはそれぞれ見事な菊を名器にのせて持参したが、水野忠邦の菊花だけは花弁が萎縮していかにもみすぼらしい。家斉はつらつらと眺め、「他の者は園丁につくらせた豪奢な花だが、そちのは己れが育てた菊じゃな」とそのしおれた花を賞でたという。家斉はやたらにこどもを生産したエロ爺さんのように思われているが、案外風流人だったのかもしれない。

家　慶――十二代将軍（一七九三〜一八五三）

四十五歳でようやく「上さま」

十二代家慶は寛政五（一七九三）年五月十四日寅の中刻（午前四時ごろ）、江戸城大奥に生まれた。生母は幕臣押田藤次郎敏勝の娘お楽である。同年九月十五日、生後五カ月の若君に山添熙春院、篠崎朴庵、岡甫庵、伊東高益、太田元達、小野西育と六人の小児科医が侍医に任命された。

寛政十二（一八〇〇）年九月、八歳の家慶は水痘にかかったが、これは軽い症状ですんだ。九月十三日には全快を祝って酒湯を浴びている。文政三（一八二〇）年二月十二日、二十八歳のとき疱瘡をわずらい、大人の流行病が重症になるのを懸念した側近たちは総出で見守ったが、なんとか回復して同月二十三日に酒湯を浴びた。

家慶は家斉の次男であり、幼名を敏次郎といった。長男の竹千代が二歳で夭折したので将軍の座が回ってきたが、その運勢はかんばしくなかった。父が達者で長らく将軍の座にあり、はじめて上さまと呼ばれたのは天保八（一八三七）年、ようやく四十五歳に達したときだった。すでに江戸時代の平均寿命の齢《よわい》である。しかも政治の実権は大御所の家斉ににぎられて当人の出る幕はほとんどなかった。

歴代将軍は自分の世継ぎに帝王学を施そうとしなかった。「親の七光に頼るな」ぐらいはいったかもしれないが、たとえ実の息子であろうとも容易《たやす》く実権を渡さなかった。渡してしまえば、とたんに幕臣たちは息子になびく。それがわかっていたから将軍は大御所として権威を維持し、次代将軍を牽制した。

そもそも昔の家長はなかなか隠居をいいださない。隠居などすればたちまち窓際族に追いやられ、権威失墜が目にみえている。よほどヨボヨボにならぬかぎり家督をゆずろうとしなかった。息子はいらだち、「うちの親父どの、好い加減にせぬか」と長男同士ぐちをこぼしあったものである。

独裁国家の権力者ほど後継者問題に頭を悩ます。しかし家慶の時代になると将軍家は飾り物にすぎなくなり、独裁権力者どころか、ただの種馬と化していた。幕府の中身も緊張感に欠け、慣例と儀式だけが横行して疲弊荒廃していた。ゆるみきった幕藩体制だったが、これまでなんとか保てたのは、ひとえに神君家康の威光のおかげだった。

猛暑のため熱中症をわずらい

父家斉の時代からこわもての老中水野忠邦が幕閣の中枢に居座っていた。父が亡くなってからも忠邦が権力をふるい、家慶の存在はかすんでいた。歴代将軍の多くは馬面だったが、家慶はとりわけ顔が長かった。馬面といえば鞍馬天狗を演じた映画俳優嵐寛寿郎、通称アラカンを思い出す。家慶も日ごろアラカンのような馬面を撫でながら「余は虚器にすぎぬ」と無聊《ぶりょう》を嘆いていたのであろう。

ぶつくさぼやいていたにもかかわらず家慶は父に似て身体壮健であり、七人いた側室に二十九人の子女をもうけた。けれどもぶじに成長したのは四人のみで、二十五人はすべて早世した。この事実だけをとっても江戸時代の乳幼児死亡率がいかに高かったかが知られる。

奢侈《しゃし》を禁止する天保の改革で腕をふるった忠邦だが、過酷な施策が庶民の反発をまねいて失脚した。代わって着任した老中は阿部正弘という優秀な若手だった。おかげでしばらくは安泰だったが、ペリーの黒船があらわれて国難がはじまった。世子の家定《いえさだ》に身体障害があったからいっそう前途多難だった。家慶に強いストレスがかかり、五十歳ごろよりときどき頭痛を訴えだした。やがて病魔が将軍を襲う。

嘉永六（一八五三）年六月十七日、家慶は暑気当たりで病臥した。この年はとりわけ暑さがきびしく、表御殿の行事をいくつかとりやめた。同月二十日、家慶の病いは進行して早くも重態となった。将軍家の重病をききつけ、群臣は総出で江戸城に出仕した。翌二十一日、もはや再起不能と悟った家慶は阿部正弘を呼び寄せ、「今後のことは水戸斉昭《なりあき》を頼りにいたすように」といい含めた。六月二十二日巳の下刻（午前十一時ごろ）、病床に臥してわずか六日で将軍は息を引き取った。享年六十一。幕府が薨去を公にしたのはひと月後の七月二十二日である。法名を慎徳院と号し、芝増上寺に葬られた。

家慶の死因を知るには手がかりが少ないが、あえて推察すれば猛暑のため熱中症をわずらい、電解質バランスを崩して心不全をおこしたのかもしれない。

家　定――十三代将軍（一八二四〜一八五八）

「俗にいわゆる癇症にて」

十三代家定は文政七（一八二四）年四月八日に家慶の四男として生まれた。生母は幕臣跡部正寧の娘お美津である。三人の兄たちが二歳までに早世して将軍の座についた。

渋沢栄一の著した『徳川慶喜公伝』をひらくと、家定は「幼少にて重き疱瘡に罹《かか》り給い、満面の痘痕に醜くならせられ、かつ病身がちなる上、俗にいわゆる癇症にて、眼口時々けいれんし、首またこれに従い、一見笑うべき奇態をなし、言語もまた稍訥《ややとつ》にして吃《ども》るが如くなりけり」とある。『徳川実紀』にも「性質は温容なれど日常の挙措も尋常ではなく、癇も強かった」とかかれている。

幕末の浮世絵師歌川国芳が描いた『浮世《うきよ》又平名画奇《またべいめいがのき》特《とく》』という大判二枚続の役者絵が

歌川国芳『浮世又平名画奇特』袖に「かん」と書かれている鷹匠若衆は疳症公方様といわれた家定を指す（京都府立総合資料館）

ある。戦国期から江戸初期の天才画家浮世又兵衛（岩佐又兵衛）の名を借り、世相をもじった錦絵である。人気役者の市川小団次が浮世又平を演じ、又平が描く大津絵の画面からさまざまな人物が抜け出して浮かれ踊る様子が描かれる。その中のひとり、鷹匠若衆の左袖に「かん」とかかれていることから、この人物が疳《かん》症《しょう》公方様といわれた十三代将軍家定を指すと巷《ちまた》の評判になった。この絵は飛ぶように売れ、そのあげく、当局はこれを発禁処分にして版元と国芳は過料に処せられた。

家定が疱瘡をわずらったのは天保十一（一八四〇）年、十七歳のときである。

侍医たちがそれと診立てたのは三月二十五日、軽快したのは四月六日で、翌日酒湯の祝いをしているから痘瘡に罹患したのはたしかであろう。しかしその経過中、脳炎などの深刻な合併症をおこした記録はみあたらない。したがってこのとき中枢神経系がおかされて痙性麻痺を発症したとは考えにくい。家定の障害は十七歳のときはじまったのではなく、それよりずっと以前、例えば生まれるときの仮死や黄疸、あるいは乳幼児期、高熱を発してその後遺症により脳性麻痺をおこしたのではないかとわたしは推測する。

父の家慶は息子の障害をなんとかなおそうと苦慮した。侍医たちに命じて、さまざまな療法をおこなわせたのだが、思わしい効果が得られない。謡曲や乱舞などをこころみれば、あるいは不随意運動を抑えることができるかもしれないと、舞や謡を習わせた。今日でいうリハビリテーションである。たしかに練習している間は一見、常態に復したかのようにみえるのだが、曲がおわるとたちまちもとにもどってしまう。ほどなく訓練は沙汰やみになった。

家重の場合、肖像画をみただけでアテトーゼ・タイプの脳性麻痺と診断がついたが、家定の画像は神経質そうな表情をうかべた顔貌を呈しているのみで麻痺の症状はさだかでない。むろん痘痕も描かれてはいない。

痙性麻痺が疑われる家定（徳川記念財団）

アメリカ公使ハリスが描写した像

もっとはっきりとした症状は思わぬところに記録されていた。それは幕末に家定と会見したアメリカ公使ハリスの日記の文中にある。

ハリスは江戸城でアメリカ大統領のメッセージを将軍に伝える。これに応じて返事をしようとした家定は「短い沈黙の後、自分の頭をその左肩を越えてグイッと後方へ反らしはじめた。同時に右足を踏み鳴らし、これが三～四回くり返された」とある。簡潔な描写ながら、アテトーゼの人が緊張してことばを話そうとした際に生じる不随意運動を的確にあらわしている。なお、ハリスはこの事実を述べたほかになんら論評をくわえてはいない。

家定には目や唇にも不随意運動があり、ことばも不自由だった。家定はこのような症状を恥ずかしく思い、大勢の者にみられることをさけるようになった。精神的にも意気消沈して心身の快活さに欠けていたという。

徳川斉昭（水戸烈公）はその手記に「大将軍は皆の者が拝謁に参上することをうるさく思われたので、なるべく伺候《しこう》するのをはばかった」とあり、さらに「なにごとにつけても理解が足りず、ことに異国船のことなど一切おわかりなく、ただただ恐れ入るばかりだ」とこきおろしている。このように家定は麻痺症状のため周囲から暗愚の将軍と決めつけられたが、実際には九代家重と同様、外見だけでそのようにみなされたのだとわたしは考える。

家定の正室任子《ただこ》は若くして病死したため、やり手の老中阿部正弘は幕府の勢威を挽回しようと島津斉彬《なりあきら》の養女敬子《すみこ》（通称篤姫）を家定の御台所にすることをもくろんだ。安政三（一八五六）年、二十一歳の篤姫は江戸城に輿《こし》入れしてきた。だが家定はそのころ重い脚気をわずらっていて結婚生活をいとなむどころではなかった。

幕末にかかれた『昨夢紀事《さくむきじ》』によると、家定はかなり以前から食思不振と乏尿、それに下肢の浮腫がみられた。安政五年の夏にも脚のむくみがあり、同年七月三日に表御殿へ出御したあと症状がにわかに悪化した。息切れ、呼吸障害、心身虚脱もあらわれたと同書は記す。したがっていわゆる脚気衝心、つまり急性の心筋障害がおこったものと推測される。

脚気は夏の暑い盛りに悪化する。家定の体調も急速に傾き、懸念した閣老たちは近年評判の高い蘭方医を奥医師に迎えることにした。これまであった奥医師の蘭方禁止令を廃止して、江戸市中に開業する伊東玄朴、戸塚静海、竹内玄同、林洞海といった有名な蘭方医を奥医師に登用した。だが、かれらが診療をはじめて三日後の七月六日巳の上刻(午前九時ごろ)、家定は三十五歳をもって死去した。遺体は上野の寛永寺に葬られ、法名を温恭院と号した。

幕府は家定の薨去をすぐには公表せず、八月八日にいたってようやく公にした。将軍の死が世間におよぼす重大さを考慮して、この間、時をかせいでいたのである。『徳川実紀』には七月八日以後、八月六日までのひと月間、連日のように家定は疝癪の病いで表御殿に出御できぬ旨が記載されている。この間江戸城を訪れたイギリスの使節やロシアの使節プチャーチンも将軍は病気で面会できぬと告げられている。

歴代将軍の中で九代家重と十三代家定が障害者だったことは明白であろう。それでも幕府は二人を排除せず、ともに将軍の座につけたのは画期的であったとわたしは思う。水面下では障害者を推すことに反対した閣老もかなりいただろうし、後継者をめぐるどろどろした争いがおこったかもしれない。それでも重度の障害者を将軍に選んだという事実をわたしは重視する。将軍の息子という特殊な条件下にあったとはいえ、障害者を差別することなくうけいれたのは日本史上特筆すべき出来事であった。

家　茂——十四代将軍（一八四六～一八六六）

馬面にすらりと通った鼻筋

十四代家茂は弘化三（一八四六）年閏五月二十四日、紀伊藩主徳川斉順《なりゆき》の長男として江戸赤坂の紀伊藩邸で産声をあげた。生母は紀伊藩の家臣松平六郎右衛門の娘おみさである。幼名を菊千代といい、のちに慶福《よしとみ》と名のった。四歳で紀伊藩主を襲封したが、十三代家定に嗣子がなかったので、慶福は一橋慶喜とともに将軍継嗣として候補にあげられた。

安政五（一八五八）年十月一日、幕末の騒然とした雰囲気の中、大老井伊直弼《なおすけ》の強力な推挙により十三歳の慶福は十四代将軍に就任して名を家茂と改めた。

安政の大弾圧を強行した井伊大老は水戸浪士らに憎まれ、万延元（一八六〇）年三月

家　　茂——十四代将軍

馬面にすらりと通った鼻筋の家茂（徳川記念財団）

三日、桜田門外で暗殺された。その二年後の文久二（一八六二）年、幕府の公武合体策により十七歳の家茂は孝明天皇の妹で同い年の和宮《かずのみや》と結婚する。はじめはいやいやながら入輿《じゅよ》した和宮だったが、家茂の好青年ぶりに惹かれるようになり、夫婦相和して暮らした。芝増上寺から発掘された家茂の頭蓋骨をみると家慶につぐ馬面である。特徴的なのは高い鼻であり、鼻根の幅は将軍の中でももっとも狭く、隆起はいちばん高い。しかも鼻筋のすらりと通った面立ちであり、和宮もその男らしい容貌に惚れたのであろう。

文久三年、上京した家茂は異人を嫌

う孝明天皇から攘夷を実行するよう約束させられた。翌元治元（一八六四）年、二度目の上京をおこない、慶応元（一八六五）年には長州と戦うため三度目の上洛を果たし、そのまま大坂城に滞在した。翌年四月までは城内で乗馬をしたり、鉄砲を放ったり、軍事調練の観閲などをしたりして元気だったが、五月ごろより脚気をわずらった。六月には一時症状が軽減して砲術の試射や剣術試合などにも立ちあっている。

しかし盛夏の到来とともに脚気は悪化して病床に横たわった。この年はとりわけ暑さがきびしく、ビタミンB_1の消耗もはげしかったのであろう。七月、家茂の両下肢に水腫（むくみ）があらわれた。長州戦のさなかに最高司令官がたおれたのだから事態は深刻である。侍医たちは昼夜をわかたず将軍の診療に専念し、京都からも典薬頭《てんやくのかみ》の高階経徳《たかしなつねのり》が往診にきて容態をうかがった。

七月中旬、江戸表の和宮は脚気の専門医として知られる牛込横寺町の遠田澄庵と江戸医学館の多紀養春院を大坂城に派遣した。かれらは当初から家茂の病気を脚気と診立てたが、蘭方医たちは脚気ではなく、リュウマチに胃腸障害が合併した病状であろうと診断した。

家茂の容態について蘭方奥医師の竹内玄同が提出した診断書がある。そこには「家茂の発病は四月で、以来、病状は一進一退だった。六月上旬から咽喉がただれ、胃の具合が悪くなり、六月下旬から両足にむくみを生じた。健胃剤、利尿剤を与えたが、尿量が少なくむくみも増した。嘔吐や苦悶の症状もみられるので予後が懸念される。病気の本態はリュウマチであろう」と記している。

蘭方医たちは当時流行しはじめたリュウマチなる新奇の病名をつけて医療の主導権をにぎろうとしたのであろう。

御所からつかわされた高階典薬頭は、蘭方医がリュウマチとみなしたのは誤診であり、将軍の病気は脚気にほかならないと断定している。脚気はやはり東洋固有の病気であって、いかに蘭方医といえども脚気の診療に深い経験をもつ漢方医にはかなわなかったのだ。こんにちでは家茂の脚気をうたがう者はなく、漢方医の診断に軍配があがっている。

長州戦の最中、心臓脚気で

家茂はふだん甘い物に目がなく、増上寺から発掘された遺骨でも実に三十本の歯が虫歯におかされていた。虫歯がもとで体力と抵抗力が低下して脚気の悪化に拍車がかかったともいえる。病室には諸方より見舞いの品がとどけられたが、それらは羊羹《ようかん》、氷砂糖、金平糖、かすていら、懐中もなか、三色菓子など甘味ばかりだった。糖分はビタミンB_1の消費を促し、脚気を悪化させる。家茂の心臓に変調があらわれ、苦悶症状がはじまった。医師団の総力をあげての治療にもかかわらず、容態は好転せず、じりじりと重症化した。

江戸医学所の頭取で新選組を医療面から応援した外科医の松本良順も大坂城に詰め切りで診療にはげんだ。良順の自伝によると、家茂が病臥して以来、侍医たちは一刻（約二時間）ごとに交代して医治をつとめたが、良順だけは常時そばにいるよう頼まれて三週間近く病床に付き添った。三週のおわりごろになると眼前がもうろうとしてきて、人の声までおぼろげである。「しばし休息をお与え下さい」と家茂に願い出たところ、「ならば余と同衾いたせ」といわれ、やむなく夜具にもぐりこんだ。将軍は大いによろこんだが、良順は寝返りをするのもはばかられ、蒲団の中で汗まみれになった。難行苦行にたまらず、狸寝入りをしたあと床をぬけ出したとのことである。

このころ、家茂は強い疲労感を訴え、煩悶はいちじるしくなった。身のおきどころのないほど苦しむさまは、側近たちに死期が迫ったことを思わせた。

七月十七日、一橋慶喜が見舞いにきた。家茂は心臓脚気による胸痛、下肢のむくみ、全身の水腫などで病床からおきあがれなかった。それでも気丈をよそおい、空元気を出して会話を交わした。だが十九日夜から意識が消失し、いよいよ危篤状態におちいった。翌二十日（陽暦八月二十九日）卯の刻（午前六時ごろ）、それまで苦しげに漏らしていた唸り声がふいにとぎれた。侍医たちは代わる代わる脈と心尖拍動をふれ、心停止にいたったことをたしかめた。侍医のひとりが側近たちにかぶりをふって薨去を知らせると、かれらは声をあげて泣いた。享年二十一である。死因が脚気による急性心不全だったことはほぼまちがいなかろう。

長州戦の最中に将軍が亡くなったとあっては騒擾がおこりかねない。十二代家慶、十三代家定のときもそうだったが、幕府は将軍の死をひたかくしにした。将軍はまだ大坂城内で戦さの指揮をとっているような体裁をととのえ、その間に長州戦の終結処理と将軍後継問題の決着をはかった。幕府が将軍の薨去を公式に発表したのは一カ月後の八月二十日である。遺骸は江戸に運ばれ、芝の増上寺に葬られた。法名を昭徳院と号した。

慶　喜――十五代将軍（一八三七〜一九一三）

知られていない大政奉還後

「徳川慶喜って、どんな人？」

こんな質問をすれば、だれもが「最後の将軍で大政奉還をした人」と答えるだろう。「鳥羽伏見の戦いで大坂から江戸へ逃げてしまった将軍」と答える人もいるかもしれない。

幕末の政治舞台でもっとも目立つ主役をつとめた慶喜だが、いったん将軍の座から滑り落ちると、それからは世間を忍んでひっそりと暮らした。それでも幕末・明治のあわただしい世相を横目にせっせと子づくりにはげみ、二十四人（死産二人、早世九人）の子女をもうけた。したたかな人だから、ふたたび時流にのったときはいつでも復帰できるよう家系の隆盛をはかっていたのかもしれない。

慶　喜——十五代将軍

奉還後は世間を忍んで暮らした慶喜（茨城県立歴史館）

慶喜が産声をあげたのは天保八（一八三七）年九月二十九日、出生地は江戸小石川の水戸藩上屋敷（梅の御殿）だった。父は水戸藩主徳川斉昭、母は有栖川《ありすがわの》宮織仁親王《みやおりひとしんのう》の十一女登《と》美宮吉子《みのみやよしこ》である。水戸家の七男に生まれたので幼名を七郎麿と称した。「江戸でこどもを育てると軽佻浮薄の風俗が幼稚の心に浸染する」。そう信じた父は二歳の七郎麿を梅の御殿から水戸城内に移して養育した。

七郎麿はどうしようもないやんちゃ坊主で傅《ふ》役は片時も目が

はなせなかった。斉昭は六歳になった七郎麿の悪がきぶりに、「この子は育て具合によってはあっぱれ名将になるだろうが、ひとつまちがえば手にあまる厄介者になろう」と評した。

少年期の七郎麿は弘道館に通って文武両道にはげんだ。馬術、弓術などの武技はよろこんで修業したが、勉学のほうは不得手で、読書の時間がくると急にものうげな表情になり大あくびを放った。「文の道にはげまねば御家の名をはずかしめますぞ」。傅役がそういっても効き目はなかった。

八歳のとき痘瘡を病んだが軽症ですんだ。水練が得意だった斉昭は息子たちに水泳を奨励したが川泳ぎから帰った七郎麿は腹を冷やして急性下痢症をわずらい、一時は脱水症状をおこして命が危ぶまれた。以来、水泳を禁じられたが、健康状態はすこぶる良好で特筆すべき疾患をみることなく成長した。

弘化四（一八四七）年、十一歳のとき、一橋家を相続する。

安政二（一八五五）年、十九歳の慶喜は権中納言今出川《いまでがわ》公久《きんひさ》の長女今出川美賀子《みかこ》と結婚した。花嫁は二つ年上の二十一歳だった。やがて美賀子は女子を出産したが、こどもは生後二日目に夭逝した。

慶応二（一八六六）年の年末、三十歳の慶喜は十五代将軍に就任したものの、慶応三年十二月、王政復古が宣言され、鳥羽伏見の戦いで薩長に敗れ、大坂城を脱出して一時寛永寺に謹慎する。そののち水戸へゆき、蟄居をつづけた。

明治元（一八六八）年七月、慶喜は駿府に移住することにした。銚子港より蟠竜艦にのって駿河国清水港に上陸、そこから現在のＪＲ静岡駅に近い宝台院にはいった。美賀子夫人は小石川の水戸藩上屋敷や旧久世大和守下屋敷（江東区清澄、清澄庭園）に移住して夫とは別居生活を送っていたが、新政府の徳川家処分が決まり、明治二年九月、慶喜が謹慎御免になると静岡へ移ってきた。

静岡隠棲時代、慶喜は最初の一年間を宝台院、つぎの二十年近くを紺屋町の元代官屋敷ですごした。あとの八年は西草深町の浅間神社神官の家で送った。慶喜は三十二歳から六十一歳まで三十年近くも駿府で暮らしたことになる。慶喜が住んだ紺屋町の屋敷は静岡市の中心街にあり、いまは料理旅館に変じて慶喜の遺品などを展示している。

側室たちのその後

慶喜は一橋時代と将軍時代に十人近くの側室を侍らせたが、御瓦解ののち、彼女らに暇をとらせたので名がのこる側室は少ない。そのうちのひとり、一色須賀《すが》は西丸小姓組番士で旗本一色貞之助定住の娘である。須賀は安政四（一八五七）年二十歳で慶喜の側室になった。将軍として京大坂へおもむいたとき、江戸火消し新門辰五郎の娘お芳が慰《なぐさ》み女として同道している。

最後まで慶喜の世話をしたのは静岡時代以後にそばにおいた幕臣中根芳三郎の娘お幸（中根幸）と幕臣松井勘十郎の娘お信（のちに小姓頭取新村猛雄の養女新村信子となる）の二人である。

仄聞《そくぶん》するところによれば、用心深い慶喜は暗殺者の侵入に備えて夜間の寝方に工夫をこらした。寝室には三菱のシンボル・マークのように逆Y字状に蒲団《ふとん》を敷いて寝た。四角な部屋に慶喜とお信とお幸がYの字に寝ていれば、曲者が襲ってきても三人のだれかにぶつかる。それが自分でないかぎり数秒の隙が生じる。その間に曲者の手から逃れられると確信した。ではそれぞれYの字のどこに枕をおいたのかが気にかかる。互いに枕を寄せあったのか、それともベンツのマークのように大きな丸い蒲団を拵えてその中心に六本の脚を集めたのか。寝相が悪ければ明け方までYを保てず、三人はXかZのような形になるだろう。興味尽きない閨《ねや》の中ではある。

さいわい、だれも慶喜を襲うことはなく、お幸とお信はつぎつぎにみごもった。明治四年六月に長男の敬事が誕生、同年九月には次男の善事が、そして翌五年十月、三男の琢磨が生まれた。これら三人の男子はいずれも初の誕生日を迎えることなく夭逝した。新政府が着々と中央集権体制をすすめるさなか、生後まもないこどもを三人もたてつづけに失って慶喜はさぞや辛い思いをしただろう。のちに生まれた六男と八男も生後一年以内に夭折している。女子は長女の前に生まれた子がその日のうちに亡くなり名前もつかなかったほか、次女、五女、六女の三人が早世した。長男たち三人を失ってから慶喜は幼子をすべて里子に出した。なんとしてもこどもたちを丈夫に育てようとはかった慶喜の苦肉の策である。

理にかなった健康法で長命を保つ

慶喜は多芸多才の人で、静岡時代には油絵による見事な西洋風景画を描いた。カメラにも凝って駿河国の風光明媚《めいび》な場所は、ほとんどレンズにおさめている。みずからも被写体となり、沢山の写真をのこした。フランス式軍装に身を固めて乗馬を楽しむ姿も写っている。長雨がつづくと謡曲をうなり、旧幕臣を相手に囲碁をうった。刺繡《ししゅう》も手がけ、

“フランス式軍装に、乗馬姿”（茨城県立歴史館）

菜の花に蝶の模様や、牡丹《ぼたん》に唐獅子《からじし》をあしらった紙入れなどをつくって人目をおどろかせた。

天気のよい日は放鷹《ほうよう》や投網《とあみ》を楽しんだ。猟銃を放つのが好きで、銃を片手にしょっちゅう近郊へ出かけた。獲物を追って畑の上を縦横無尽に走り回り、作物を蹴散らして農家から苦情をもちこまれたこともある。「あ、さようか。では全部買いとればよかろう」と答えたそうだが、いかにも物に動じないお殿さまぶりである。

明治二十四年、美賀子夫人は乳がんをわずらった。同年五月十九日、外科医高松凌雲の執刀により乳がん摘出術を施行した。それから三年後の明治二十七年五月、夫人は静岡から東京千駄ヶ谷の徳川家達《いえさと》の屋敷に移って治療に専念した。だが、当時は乳がんといえば死を招く難疾であり、療治のかぎりを尽くしたが、同年七月九日、肺水腫を併発して他界した。享年六十。

明治三十年に慶喜は静岡を去り、東京市小石川区第六天町の水戸屋敷に転居した。慶喜の侍医で知られるのは内科医の高山恵太郎と外科医の柏原学而である。学而は幕府奥医師石川良信の医塾に入門、元治元（一八六四）年より一橋慶喜の侍医に登用された。その後学而は下谷御徒町で開業し、高山恵太郎とともに慶喜の健康指南役をつとめている。

青壮年期の慶喜はかなりの酒豪だったが、晩年は節制して飲酒を控えた。晩酌に保命酒という薬草を酒にひたしたものや桑酒、あるいは少量の白ワインをチビチビ飲んだ。喫煙も多少たしなみ、薩摩産の刻みタバコをふかした。食生活ではもっぱら和食をとった。タイ、カツオ、ヒラメの刺し身、ウニ、ナマコ、コノワタ、鶏卵の半熟などを好んでいる。香物はあまり手を出さぬようにして塩分を控えた。洋食はたまにとるのみで、食欲のないときはパンとミルクだけですませた。外出や旅行の際は必ず自家製の弁当を持参した。外で出された食事はよほどのことがなければ口にしなかった。起床と就寝の時刻をきちんと守り、平生は孫の守りをなによりの楽しみにした。まれに気分の塞ぐときがあり、一日でも二日でもだまりこくって座っていたが、そんなときは独自に編み出した呼吸静座法を実行して気持ちをおちつけた。これは主治医の高山恵太郎からすすめられた静座法であり、これに二木式呼吸法（吸気は短く、呼気は長く、唇をすぼめて低くうなる呼吸法）をくわえて心身の調整をはかった。

日々の運動もおろそかにしなかった。両手を腰に支え、背中をのばして毎日一時間あまり屋敷の長い廊下を歩いた。武芸として大弓をたしなみ、毎回百五十本射るのが日課だった。大弓はあまりに過激でからだに負担がかかると高山医師にブレーキをかけられ、一日百本に減らしたが、それでも弓に三時間ほど費やした。大弓は亡くなる年の春までつづけた。このような栄養と運動と心身のストレスをやわらげる日常生活の工夫と理にかなった健康法によって、慶喜は七十七歳という長命を保つことができた。

なお慶喜の時代まで、まだ健康ということばはなく、すべて養生といった。健康は緒方洪庵または福沢諭吉の造語として知られるが、筑波大学の内山知也名誉教授によれば、十一世紀の中国の文献に「筋骸粗康健」（からだはおおむね丈夫です）という用例があり、十七世紀にも「娘娘身体康健否」（奥方のおからだは元気ですか）のように康健ということばが用いられたというので洪庵や諭吉はこれらをヒントに造語をしたのかもしれない。ただし現在の中国では健康が普通に使われているそうである。

享年七十七、重症肺炎のため

大正二（一九一三）年十一月四日、慶喜はいささか風邪気味になりくしゃみや鼻水が出た。高山医師は軽い鼻加答児《カタル》であろうと診立て、用心のため床に臥せるようすすめた。慶喜は渋沢栄一が綴った自分の伝記『徳川慶喜公伝』の原稿を病床にもちこんでその日をすごした。

翌五日、宮中から九男の誠に対して「華族に列し男爵位を授ける」という吉報がとどいた。十一年前、慶喜は公爵を叙爵していたが、こんどはわが子に栄誉が与えられるときいてうれしくてたまらず、翌六日、まだ風邪気がぬけていないのに皇居へ参内した。宮中では「かくも有り難き朝恩をうけ、まことにかたじけなし」となんども御礼をいい、帰宅してからも興奮してはしゃいでいた。だが、二日後に高熱を発した。はなはだしい咳嗽《がいそう》と喀痰を生じ、食欲もとみに低下した。高山医師の治療により数日間は病状が沈静したかにみえたが、十一月十四日午前六時、体温は三十八度三分に上昇、脈拍数は毎分七十六、呼吸数も毎分二十二回と風邪がぶり返した。食思不振にくわえ喀痰も増えて肺炎の初期症状を思わせた。

慶喜は知りあいの西郷吉義《よしみち》博士に診てもらいたいと家令に頼んだ。西郷吉義はかつて陸軍軍医学校の校長をつとめ、いまは天皇の侍医頭を拝命する名医である。急いで往診にきた西郷博士は病人を慎重に診察した。その結果、打診では慶喜の左側背部と肩甲間部から肩甲骨上部にかけて抵抗が感じられ、打響音はやや短く硬い感じであった。聴診では呼吸音が微弱であり、水泡音はきかれなかったが気管支音を聴取した。心音もやや微弱だった。西郷博士の治療により、翌十五日、体温は最高三十六度七分、脈拍六十四、呼吸数二十三とややもちなおした。だが十八日にいたって体温三十七度三分、脈拍七十四、呼吸数二十二となり、食欲はますます減退して夜間まったく睡眠がとれなくなった。十九日になると衰弱いちじるしく、二十一日午前六時ごろより悪寒戦慄をきたし、四肢は冷却して爪甲はチアノーゼのため暗紫色を呈した。午前六時三十三分、体温は三十九度九分まで上昇、脈拍百四の頻脈、呼吸数三十六と予断を許さぬ重態になった。午後二時、西郷博士の依頼により東京帝大医科大学内科教授の青山胤通《たねみち》博士が来診した。このとき呼吸は荒く、意識はもうろうとしていた。午後四時をすぎるころ呼吸はますます荒く、意識不明で危篤状態におちいった。家令らは「前征夷大将軍、臨終近し」と諸方に電報を発し、親戚一同も陸続と屋敷へ詰めかけた。この日、慶喜危篤の報に接した天皇は見舞いの御使をつかわし、同時に旭日桐花大綬章を授けた。これが功を奏したのか二十一日午後九時すぎ、病人はふっと意識をとりもどし、枕頭に集まった人たちと談話さえ交わした。安堵した一同は夜十一時すぎに屋敷を辞去したのだが、日が変わった二十二日午前二時に容態は急変する。高熱を発した慶喜は悪寒のために全身がふるえだし、からだも冷たくなって唇や手足はチアノーゼのため濃紫色となった。医療団はカンフルを皮下注射したり、プロカイン・アミドを静脈注射したりして必死に治療をおこなったが、大正二（一九一三）年十一月二十二日午前四時十分、ついに大往生を遂げた。従一位、勲一等、公爵、源氏長者徳川慶喜の葬儀は上野寛永寺の裏手にあった空地を借りて盛大に挙行された。遺骨は谷中の墓地に葬られた。

孫、高松宮妃の訃報

慶喜は十五人いた徳川将軍の中で、もっとも長生きをした。惜しむらくは息子の授爵という知らせをうけたとき、年甲斐もなく狂喜したことだった。わが子の栄誉を病床でじっとかみしめ、安静を守っていれば七十七歳どころか、卒寿を越える長命を保ったであろう。養生には細心の注意を払ってきたのに慶事に浮かれてこどものころのやんちゃぶりがあらわれたのは残念だった。老人の風邪は肺野の炎症がすすんでも、外見上、重篤にはみえないことがある。慶喜とその周辺も当初は軽い風邪と考え、さして気にもとめなかった。油断して宮中に参内したのがからだの負担になり、風邪をこじらせて重症の肺炎に移行したのだ。

かつて医学校では「肺炎は老人の敵」と教えたが、いまの医療界には「肺炎は老人の友」という声がある。高齢者が肺炎によって最期を迎えるとき、意外に安楽な往生をとげるケースが多いからである。慶喜も肺炎をわずらったが、さほど苦しむことなく安らかにあの世へ旅立った。しかも大勢のこどもや孫、親類縁者に囲まれたしあわせな大往生だった。わたしも老いぼれたら有料老人ホームなどで無菌的、温度調節的、集団生活的、栄養計算的な手厚い介護をうけて長生きするより、自宅で好き勝手に暮らしたあげく、誤嚥《ごえん》などで嚥下性肺炎をおこし、あまり苦しまずにこの世におさらばしたいと願っている。女房どのにこの方針を提案したところ、「ばかなことをいわないで下さい。命はあなたひとりのものじゃありません」と一蹴された。そこで一度打てば五年間は肺炎予防ができるという肺炎球菌ワクチンを注射して女房どののご機嫌うかがいをした。肺炎球菌ワクチンはお年寄りの皆さんにも大いに推奨したいが、保険が利かず自費で値の張るところが玉に瑕《きず》である。

慶喜の孫の一人徳川喜久子さんは昭和五（一九三〇）年、大正天皇の第三皇子高松宮宣仁《のぶひと》親王と華燭の典をあげ、高松宮妃殿下となられた。慶喜が九十代まで長生きしてこの慶事を知ったら、そのよろこびはいかばかりだったろう。ちなみに慶喜より一歳若い側室一色須賀は慶喜より十五年も長生きして昭和四年に九十二歳で亡くなった。なお高松宮妃は平成十六（二〇〇四）年十二月十八日、敗血症のために薨去された。享年九十二を数え、皇室の中では良子皇太后（九十七歳で崩御）につぐ長寿の人であった。

将軍と正室・側室の平均寿命

がん、肺炎、脚気、平均寿命五十一歳

これまで記してきた歴代徳川将軍の臨床カルテをまとめて没年齢と死因、側室の人数と、もうけた子女の数を一覧にすると左表のごとくなる。

死因ではがんと肺炎と脚気が目立つが、なぜか労咳（結核）による死亡がみられない。結核は家族内感染が圧倒的だから、将軍周囲にはさいわい結核患者がいなかったのだろう。あるいは結核と確定する診断技術が未熟だったため見逃されたのだろうか。

徳川後期になると、家治、家定、家茂の三人が脚気にたおれた。脚気は明治期になっても原因不明の難疾患で、当時は現在の糖尿病や高血圧に相当する重要な国民病だった。

ここで十五人の将軍たちの平均寿命を計算してみると、およそ五十一歳である。平均

将軍と正室・側室の平均寿命

		没年齢	死因	側室の人数	子女の人数
初　代	家康	75	胃がん	19	19
二　代	秀忠	54	胃がん	2	9
三　代	家光	48	脳卒中（高血圧）	9	7
四　代	家綱	40	未詳	0	0
五　代	綱吉	64	はしか→窒息死	3	2
六　代	家宣	51	インフルエンザ	4	6
七　代	家継	8	急性肺炎	0	0
八　代	吉宗	68	再発性脳卒中	6	5
九　代	家重	51	尿路障害（脳性麻痺）	2	2
十　代	家治	50	脚気衝心（心不全）	2	4
十一代	家斉	69	急性腹症	16	57
十二代	家慶	61	暑気当たり	7	29
十三代	家定	35	脚気衝心（脳性麻痺）	0	0
十四代	家茂	21	脚気衝心（心不全）	0	0
十五代	慶喜	77	急性肺炎	未詳	24

寿命より短い者は、家茂を除いて将軍直系のこどもたちであり、大奥で過保護に育てられた虚弱体質者といえようか。平均寿命より長生きをしたのは、家康、秀忠、綱吉、吉宗、家斉、家慶、慶喜の七人で、いずれも側室は多く、もうけたこどもの数も多い。

公家から来た正室たち

将軍家の正室にふさわしい女性といえば身分と品格をそなえた公家・宮家の娘に的がしぼられる。多くの深窓の姫君たちが正室として大奥入りした。左に記したのは歴代将軍の正室とその出身、それに没年齢である。

家康と秀忠、それに家斉の正室以外はすべて公家・宮家の出身である。家康の正室築山殿は武田方に内通した罪で殺害されたから、この人を除いた十四人の正室の平均年齢を計算すると、四十七歳弱である。短命な女性が目につくが、ことに九代家重の正室培子は流産のため二十三歳で、十三代家定の正室任子は痘瘡のため二十六歳の若さで病死した。

増上寺から発掘された六代家宣の正室熙子の骨格は全体にきゃしゃで、あごの骨の発達が悪く、歯槽膿漏のため歯はすべて脱落していた。生前、絶世の美女といわれた十一

将軍と正室・側室の平均寿命

	将軍	正室	出身	没年齢
初　代	家康	築山殿	今川義元の姪	38？
二　代	秀忠	お江与	信長妹お市の娘	54
三　代	家光	孝子	鷹司信房の娘	72
四　代	家綱	顕子《あきこ》	伏見宮貞清親王の娘	38
五　代	綱吉	信子	鷹司房輔の娘	52
六　代	家宣	熙子《ひろこ》	近衛基熙の娘	81
七　代	家継	吉子	霊元上皇の皇女 （婚約のみ）	45
八　代	吉宗	理子《まさこ》	伏見宮貞致《さだゆき》親王の娘	20
九　代	家重	培子《ますこ》	伏見宮邦永親王の娘	23
十　代	家治	倫子《ともこ》	閑院宮直仁親王の娘	34
十一代	家斉	寔子《とくこ》（茂姫）	島津藩主の娘・ 近衛経熙《つねひろ》の養女	72
十二代	家慶	喬子《たかこ》	有栖川織仁親王の娘	46
十三代	家定	任子《ただこ》	鷹司政熙の娘	26
十四代	家茂	親子《ちかこ》	孝明天皇の妹	32
十五代	慶喜	美賀子	今出川公久の娘	60

代家斉の正室寔子は遺骨をみると歯の噛みあわせが少なく、固い物はほとんど食べていなかったことがわかる。十四代家茂の正室和宮は遺骨の筋附着部とその状態からみて四肢の筋肉がかなり弱かったようだ。

東洋医学の古典『素問』不妊症の項に「両神相搏合而成形《あいうちごうしてかたちなる》」とかかれている。「相搏つ」とは愛しあう健康な男女が全裸になって無我夢中でレスリングさながら組んずほぐれつ抱きあう姿をあらわす。そのような性交によってオルガスムスを味わい、心身ともに満足しきったとき丈夫なこどもが授かるのだと説く。深窓の姫君たちは幼児期より内輪で歩くようにしつけられ、儀式の際は重い十二単《じゅうにひとえ》を着て身うごきがとれなかった。表へ出ることもめったになく、外出しても輿で移動するから、とかく運動不足におちいった。身体虚弱な姫君たちにはたして前述のようなはげしい交合ができただろうか。

正室たちは結婚によってそれまでの雅《みやび》やかな宮廷社会から突然武張った武家社会に放りこまれた。「上さまのお成りぃ」などと半分嫉妬まじりの大仰な声がかかれば姫君は緊張のあまり全身がこわばる。これをリラックスさせるには閨の会話が重要である。だが江戸と上方ではことばもアクセントもまるきり異なる。睦言《むつごと》を関西弁と関東弁で交わしたのでは不協和音もはなはだしい。ましてや閨の床に睦言をききとり記録する役目の女性が侍ると知って姫君は愕然とする。風俗習慣がちがうことからくるストレスは想像以上に強烈である。関西人が何気なく口にする「お前アホか」は関東人の胸をグサリと刺す。関東人から「バカいうな」といわれた関西人はしばらく立ち直れないほどだ。新潮新書『バカの壁』が関西人にバカうけしたのもタイトルに壁（楯）がついていたからだろう。なお名古屋では「タワケェ」といい、静岡人だったわたしは名古屋に下宿したとき、当分ショックでねむれなかった。

強いストレスがくわわった正室の卵巣には排卵異常が生じたり、卵管にけいれんがおこったりして順調な受胎を期待するのはむずかしい。現代でもこうした精神的な要因をとり除くことが不妊治療の要諦であり、産婦人科医の腕のみせどころである。

「雑種強勢」の側室

家光は上流階級の高貴な女性が苦手で輿入れした姫君を相手にせず、庭そうじの女とか、風呂焚きの女に目をつけた。御湯殿で背中を流す女性にムラムラとなって押し倒すこともあった。変人といわれた家光だが、性的衝動に駆られてこのような行為におよんだのはむしろ自然である。ただ世間から隔絶して育てられ、羞恥心に乏しかっただけであろう。

そんな家光をみて春日局は江戸市中へ出かけ、これはとみこんだ町娘を大奥へ連れてきた。一種の拉致である。娘たちは最初しょんぼりしていたが、やがて世継ぎを生めば御方さまとしてこのうえない栄誉が与えられ、一族郎党にもおこぼれが頂戴できるとわかって目の色を変えた。子授けの真言を唱える祈禱僧のおごそかな呪文と護摩のけむりを浴びつつ「なにとぞ上さまの御子を授かりますように」としきりに懐妊成就を祈った。その必死のありさまはさながら病院のＩＣＵ（集中治療室）のようではなかったかとわたしは想像する。祈禱が成果をおさめたのか、健康美を誇る側室たちは多くの子女をみごもった。歴代将軍の中で正室から生まれた世子は家光と慶喜の二人のみ、ほかはすべて側室が生んだこどもたちだった。左の表は歴代将軍の生母と彼女らの出身を一覧にしたものである。

生母たちは侍、農民、商人、僧侶の娘と、公家・宮家の姫君とはうってかわった元気者ぞろい。『素問』の真髄を実行したのはまちがいない。優性学的にみても「雑種強勢」という大原則があり、雑種第一代は両親よりもしばしばすぐれた形質をあらわす。側室の存在によって将軍家はつぎつぎに後継者をもうけることができたのである。

将軍と正室・側室の平均寿命

	将軍	生母（出身）	没年齢
初　代	家康	お大（刈谷城主の娘）	75
二　代	秀忠	お愛（家臣の娘）	28
三　代	家光	お江与（正室）	54
四　代	家綱	おらん（お楽とも。農家の娘）	32
五　代	綱吉	お玉（八百屋商人の娘）	79
六　代	家宣	おほら（魚商人の娘）	25
七　代	家継	お喜世（僧侶の娘）	
八　代	吉宗	お由利（農家の娘）	72
九　代	家重	お須磨（紀伊藩士の娘）	
十　代	家治	お幸（正室の侍女）	
十一代	家斉	お富（幕臣の娘）	
十二代	家慶	お楽（幕臣の娘）	
十三代	家定	お美津（幕臣の娘）	79
十四代	家茂	おみさ（紀伊藩士の娘）	84
十五代	慶喜	吉子（水戸藩主の正室）	90

没年齢が判明している八人の側室の平均寿命はおよそ五十九歳である。単純には比較できないが、正室の平均寿命四十七歳と比べれば側室たちはかなり丈夫で長生きをしたといえそうである。世継ぎこそ生まなかったものの長寿の側室は大勢いる。三代家光の側室お万の方は八十七歳、五代綱吉の側室お伝の方は八十一歳、六代家宣の側室右近の方は八十五歳、同じくお須免の方は八十歳であり、現代日本人女性の平均寿命に近いものがある。

公家の世界を知り、江戸の女性たちのことも心得た春日局は、将軍家の血統を維持するのに側室が欠かせないと判断した。そこで正室には出自のたしかな公家の娘、側室には健康な庶民の娘、という大奥の二本立て方式をととのえた。したがって大奥のしくみが確立したのは三代家光以来といってよい。

現代の皇室のお妃《きさき》選びは身分も健康もと両者を兼ね備えた最高の女性が求められる。そのような女性はめったにいらっしゃらないから、宮中入りをした御方は大変なご苦労を背負わされることになる。まことにお気の毒であり、おいたわしい。とはいえ、いまさら往古の大奥システムを構築するわけにもゆくまい。たとえ女帝制度や養子制度が新設されても、現状のままでは子女の数が先細りになる恐れもあり、今後の皇室の存続はどうなるのだろう。近い将来、かなり危機的な状況が訪れるのではなかろうか。

なぜ十五代も続いたのか

せっかく徳川の夫人たちが子女を生んでも、そこから先に難関が待っていた。乳幼児の早世である。当時の新生児は生まれてすぐ亡くなるケースが多発した。死亡の原因は未熟児や呼吸不全、感染症などであり、大半の子が一、二歳までに肺炎や気管支炎、はしかや脳膜炎をおこして亡くなった。

江戸時代は市中の衛生状態が劣悪だった。ノミやシラミを抱えたネズミが家屋を走り回り、台所や便所の周囲にはハエ、カ、ゴキブリがむらがり、路上には牛馬や犬の糞があふれ、人々は道ばたに生ゴミを捨て小便や雲古をたれ、ドブは汚物にまみれて伝染病の発生源となった。

予防手段のない往時、江戸城大奥にもはしかや疱瘡、おたふく風、水痘、インフルエンザなどが容赦なく侵入して乳幼児はあっけなく没した。さらに江戸時代に特徴的だったのは白粉《おしろい》の鉛毒である。将軍の乳母たちは鉛を含んだ白粉を使い、顔から首筋、胸から背中にかけて広く厚くぬった。抱かれた乳幼児は乳房を通して鉛入りの白粉をなめる。

乳児も白粉を顔や首にべったりぬられた。鉛は体内に徐々に吸収され、貧血や歯ぐきの変色、便秘、筋肉の麻痺などがおこり、脳膜の刺激症状が出ることもある。後遺症として痙性麻痺や知能障害がのこるケースもあった。鉛中毒は将軍の子女のみならず当時の大名や公家など上流階級にはよくみられた疾病だった。

大正時代に亡くなった最後の将軍慶喜を例外としていちばん長生きをしたのは、なんといっても家康である。家康は生きる目的が明確だった。初代として肉体の鍛錬だけでなく、精神的にも気が張っていた。過酷な戦国の世を生き延び、天下制覇、幕府創立という意気ごみに裏打ちされた養生法を実行した。晩年になると、まだよちよち歩きの江戸幕府を盤石のものにしたい、少しでも長生きして孫の家光の采配ぶりと徳川家の行く末を見守りたいという強烈な願望があった。そこからわきでた養生法だったから、漫然とスポーツクラブに通うのとは桁ちがいの真剣さと凄みがあった。

家康は世継ぎが多いほど徳川家は繁栄すると考えた。秀吉のように面食いではなく、容姿よりも丈夫な子を生める骨盤の大きい健康な女性を側室に求めた。こどもを生んだことのある女性なら妊娠は確実と思い、後家さんたちを側室に抱えた。これらの戦略が首尾よくゆき大勢の子女をもうけることができた。

家康以後の将軍たちは二、三を除いて凡庸な人ばかり。何人か病人や障害者や幼児もいたが、それでも将軍職をつとめることができたのは、かれらが飾りものにすぎなかったからである。さまざまな障害をはねのけて徳川十五代は二百六十年もよく保ったものだ。そこには幕藩体制を支えた三河家臣団の存在があった。いまでも三河人は地縁血縁を大事にする。あの人のいうことだからと身分や地位よりも人をみてうごく。強力なネットワークを誇る三河家臣団はがっちりとスクラムを組んで封建官僚機構を守り、凡庸な将軍たちを支えた。もうひとつは受胎に腐心した夫人たちのたえまざる精進のおかげである。徳川十五代とは将軍の世継ぎを絶やさぬよう、いじましいほどの努力をした女性たちの涙と汗の跡だったともいいかえることができるだろう。

あとがき

若い研修医を指導するドクターの話によると、卒業まもない研修医は患者さんの訴えをよくきき、視診、聴診、打診、触診といった基本的な診察をすすめるよりも、沢山の検査を手当たり次第におこなう傾向にあるという。その大もとには、ふだんケータイやインターネットのディスプレイばかり眺めるくせがついて人との対話が苦手になっているせいもある。患者さんの話をきくより機器・検査を優先させたがる。たしかに現代医学はコンピューターを駆使してめざましい進歩を遂げている。個々の専門的な内容も精緻を誇る。ＣＴやＭＲＩなどの画像診断をはじめ、体内に生じた微量物質の測定や分子細胞レベルの異常を多様な検査によって精密にとらえる技術では卓越している。だが膨大な検査結果からひとつの診断を下すのは混みあう海水浴場で落としたコンタクト・レンズを探すにも似て途方もない時間と労力を費やすことになる。患者さんも治療をうける前に検査漬けでへとへとになる。それが合理的な負担なら我慢もできようが、やみくもにされてはたまらない。最新医学は専門的かつ細分化されすぎて全体像がつかみにくいのだ。最初に患者さんの話を上手に引きだし、診察を丁寧におこない、それから鑑別すべき病気をしっかり考え、それに結びつく検査を選んでとりかからねば、要する費用は青天井になろう。医療サイドもようやくこのことに気がつき、知識偏重の医学教育から患者さんとの意思疎通をはかる教育へと方向転換をはかっている。

研修医に必要なのは患者さんが診察室にはいってきたとき、全体像を大ざっぱにつかむ訓練である。サッと瞥して、歩きぶりはどうか。顔色はどうか。元気はあるか。笑顔がみられるか。あいさつをするか。その声に張りがあるのか。体格やしぐさ、服装、着こなしなどからも患者さんの性格や心理的な雰囲気が伝わる。このように大づかみに患者さんを知るには、どうやら東洋医学がうってつけのようだ。漢方など解剖はでたらめだし、古臭いホコリまみれの医療だと軽蔑する研修医も沢山いる。たしかにその一面はあろう。しかしX線写真や生化学検査で病人を診るばかりが医療ではない。いったん人間観察の基本に立ち帰り、患者さんを診る目を枝葉末節でなく、木の幹や根元に向け、さらに木の茂り具合をたしかめる。あるいは森全体をぼんやり眺めるぐらいの余裕をもってじっくり診療をしてほしいというのが研修医を指導するドクターの弁である。もっとも現今の医療保険制度のもとでは余裕をもって診療に従事するなんて絵空事に近いのだが。

医者は自分や家族がわずらった病気の診療科目を選ぶという。胃が悪ければ胃腸科、痔をわずらえば肛門科、骨折をすれば整形外科といった具合。では能天気な人は精神科だろうか。わたしのひそかな観察によると精神科医のごく一部にその気配はなきにしもあらずだった。

病気の経験者が医者になるのはよい傾向だと思う。患者さんの立場から病気を診ることができる。家康はほとんど大病をわずらうことなく生涯を送った。こういう人物が医者の真似事をするとタチが悪い。家康は「御医師家康」と陰口を叩かれるほど医療研究に入れこみ、健康オタクになって侍医たちに大きな迷惑をかけたことは本編に述べた。

それでも歴代将軍の中に家康ほどの人物は二度とあらわれなかった。ほとんどが凡庸な人物ばかり。運よく将軍の座を射止めても幕閣の助けなしに将軍職をまっとうできた人はまれである。多くの将軍は、上さま、上さまと奉られても、自分は種馬にすぎぬとわかっていた。少し油断すれば権勢をふるってのさばり出す閣老たち。そうかといって憩いを求めて大奥へゆけば、そこはドロドロとした女性たちの妖しげな世界。さりとて中奥へ逃れてきても、やくたいもないお世辞をふりまく側用人や茶坊主どもの饐《す》えた溜り場。気分はいつも孤独で、だれかに甘えたり頼りたいのに、そんなときはいつも敬して遠ざけられる。将軍が心底より安らかにすごせる居場所はどこにもなかったのではなかろうか。本書をかきおえたいま、将軍職をつとめあげるには、よほど物に動じない精神力と忍耐力が必要ではなかったかと将軍たちに心からの同情を禁じ得ない。

本書の上梓に当たっては新潮新書編集部の今泉眞一氏にひとかたならぬお世話になった。末尾ながら厚く御礼申しあげる。

二〇〇五年春　　　　篠田達明

参考文献

・岡崎市役所編『岡崎市史別巻　徳川家康と其周圍』（上・中・下）名著出版　昭和47年
・小川鼎三・酒井シヅ校注『松本順自伝・長与専斎自伝』（東洋文庫386）平凡社　昭和55年
・酒井シヅ監修・日本医師会編『医界風土記』関東・甲信越篇　思文閣出版　平成6年
・服部敏良『江戸時代医学史の研究』吉川弘文館　昭和53年
・大樹寺編『大樹寺の歴史』補訂版　大樹寺　平成9年
・黒板勝美編『徳川実紀』『続徳川実紀』吉川弘文館　昭和51年
・斎木一馬校訂『徳川諸家系譜』続群書類従完成会　昭和45年
・鈴木郁夫編『松平氏とその史跡』松平親氏公顕彰会　平成13年
・渋沢栄一『徳川慶喜公伝』（巻1～4）（東洋文庫）平凡社　昭和43年
・新編岡崎市史編集委員会『新編岡崎市史』（2・中世）新編岡崎市史編さん委員会　平成元年
・鈴木　尚・矢島恭介・山辺知行編『増上寺　徳川将軍墓とその遺品・遺体』東京大学出版会　昭和42年
・鈴木　尚『骨は語る　徳川将軍・大名家の人びと』東京大学出版会　昭和60年
・大久保利謙監修『日本の肖像（第三巻）徳川将軍家　徳川慶喜家　一橋徳川家』毎日新聞社　平成元年
・三田村鳶魚『三田村鳶魚全集』中央公論社　1～27巻・昭和50～52年　別巻・昭和58年

篠田達明　1937（昭和12）年愛知県生まれ。医師にして作家。41歳から小説を書き始め、『大御所の献上品』や『法王庁の避妊法』などが直木賞候補となる。著書に『モナ・リザは高脂血症だった』など。

Ⓢ新潮新書

119

徳川将軍家十五代《とくがわしようぐんけじゆうごだい》のカルテ

著　者　篠田達明《しのだたつあき》

2005年5月20日　発行
2018年5月30日　25刷

発行者　佐藤隆信

発行所　株式会社新潮社
〒162-8711　東京都新宿区矢来町71番地
編集部(03)3266-5430　読者係(03)3266-5111
http://www.shinchosha.co.jp

組　版　株式会社ゾーン
印刷所　株式会社光邦
製本所　憲専堂製本株式会社

ISBN978-4-10-610119-9 C0221

価格はカバーに表示してあります。

Ⓢ新潮新書

173
歴代天皇のカルテ
篠田達明

005
武士の家計簿
「加賀藩御算用者」の幕末維新
磯田道史

001
明治天皇を語る
ドナルド・キーン

003
バカの壁
養老孟司

149
超バカの壁
養老孟司

病歴、死因はもちろん、平均寿命、后妃の数、もうけた皇子女の数、あるいは精神医学まで……。男系万世一系はいかに成されてきたか、「病い」という観点から論じた初の試み。

初めて発見された詳細な記録から浮かび上がる幕末武士の暮らし。江戸時代に対する通念が覆されるばかりか、まったく違った「日本の近代」が見えてくる。

前線兵士の苦労を想い、みずから質素な生活に甘んじる——。極東の小国に過ぎなかった日本を、欧米列強に並び立つ近代国家へと導いた大帝の素顔とは?

話が通じない相手との間には何があるのか。「共同体」「無意識」「脳」「身体」など多様な角度から考えると見えてくる、私たちを取り囲む「壁」とは——。

ニート、「自分探し」、少子化、靖国参拝、男女の違い、生きがいの喪失等々、様々な問題の根本は何か。「バカの壁」を超えるヒントが詰まった養老孟司の新潮新書第三弾。